Thomas Schafferer - digitally remastered

AF727330

pyjamaguerilleros*

Thomas Schafferer

digitally remastered

Die 10 ersten bzw. inoffiziellen (im berühmten Selbstverlag veröffentlichten) Gedichtbände mit 227 Gedichten (inkl. 5 Bonus-Texten), die in den Jahren 1992-2006 in Österreich, Deutschland, Schweiz, Italien, Spanien und Griechenland entstanden sind.

Mit einem Vorwort
von Joachim Gatterer (Hrsg.)

*pyjamaguerilleros**

Bibliographische Informationen der Deutschen Bibliothek
Die Deutsche Bibliothek verzeichnet diese Publikation in der Deutschen Nationalbibliographie; detaillierte bibliographische Daten sind im Internet unter htp://dnb.ddb.de abrufbar.

© Texte/Zusammenstellung bei Thomas Schafferer

Edition:
*pyjamaguerilleros**
Andechsstraße 38/6
A-6020 Innsbruck

Herausgeber/Vorwort: Joachim Gatterer
Gestaltung/Satz: Kulturrebellen Productions
Herstellung: Books on Demand GmbH, Norderstedt

Nr. 4 der Reihe *pyjamaguerilleros**

ISBN-13: 978-3-9501923-4-6
ISBN-10: 3-9501923-4-4

Innsbruck 2006

* by Cognac & Biskotten - www.cobi.at

Vorwort

„digitally remastered“ ist Thomas Schafferers literarischer Reisebericht der Jahre 1992 bis 2006... und das in mehrfacher Hinsicht. Oberflächlich betrachtet handelt es sich um eine simple Ansammlung lyrischer Impressionen; eine Neuauflage zum Teil älterer Gedichte, die vor Jahren in den Urlaubsdomizilen des Autors zu unterschiedlichen Zeiten und in den unmöglichsten Situationen (im Bus, am Strand, im Flugzeug oder im Waschsalon) entstanden sind. Einfühlsame Stimmungsbilder mischen sich mit Landschaftsimpressionen und einer Fülle an präzisen Beobachtungen, die nicht nur Schafferers Interesse an allem, was um ihn herum geschieht, widerspiegeln, sondern auch seine tiefe Sympathie für den Süden bekunden, den er im Verlauf seiner Reiseberichte nicht nur einmal durchstreift.
Gleichzeitig gewährt der Gedichtband Einblick in einen Lebensabschnitt des Autors, in persönliche Gefühle und seinen literarischen aber vor allem menschlichen Werdegang. Viele Texte sind Momentaufnahmen aus seinem Leben und zeichnen in Summe das Bild eines Suchenden, der sich vor allem nach Liebe und Geborgenheit, aber gleichzeitig nach Freiheit und Erkenntnis sehnt. Die 227 Gedichte zeigen neben den Landschaften auch die Stationen dieser Suche. Ausgehend von jugendlichen Zwängen, der Maturaprüfung und dem Militärdienst führen sie im Anschluss nicht nur in fremde Städte und an sonnige Strände, sondern auch durch das Alltagsleben in Bars, Discotheken und an Arbeitsplätzen. Am Ende ist kein Ziel erreicht, nur ein Abschnitt der Reise beschrieben, der jedoch den Reifeprozess eines passionierten Schriftstellers, und vor allem den eines jungen Mannes, beinhaltet.

Joachim Gatterer, Innsbruck 2006

Kapitel:

1

der mathema-tick
oder un disastro di 21 mesi

öffnung

neun 10 hundert ein und 90
erstes lieben in negativpositiven variationen
lustvolle orgien und platonischblöde scheinwelten
promille liefern sich gefechte mit hirnzellen

strandgeflüster mit extrem italienischen kumpanen
die sinnhaftigkeit lässt sich kaum erahnen
erste schritte das leben zu erkunden
in den armen schöne mädchen und liebesschwüre in der luft

augen werden geöffnet, neue weiten tun sich auf
negative und positive eindrücke lassen sich nieder
viel zu lernen in wenigen monaten der öffnung
freunde sind schein oder nicht nur?

ein 1000 vier 100 kilometer liegen hinter mir
erholung im sarkasmus, humor oder cavi
ziele unwirklich in schummriger umhüllung in weiter ferne
das 7. jahr vorbei und das achte steht bevor

sieben jahre nur der beste ohne hilfe und trix
4 erfahrungen drängten sich ins ein und 9 zig er
eine war nix, die zweite die orgie mit bittrem nachgeschmack
die 3. nur für I tag und nummero vier sex 100 kilometer entfernt

und dann treffen sich ilona, nathalie und ich wie die stars
um in der roxy-bar whisky zu trinken
oder vielleicht treffen wir uns nie mehr wieder
denn ein jeder selbst hat genug sorgen, ti voglio bene vasco

beginn der misere

doppelt und 3-fach gesicherte und gestohlene räder
gedankenblitze jagen durch die blaue hirnatmosphäre
liebe zwischen zwei bekannten menschen nur man selbst ist alleine
sich erinnern an giulia und vergessene treffen
besitz geht verloren und trotzdem incredibile romantica

man kehrt zurück zu seinen wurzeln und trifft alte freunde
freunde, die fremd erscheinen, aber ein funkeln in den augen
schwarze augen und haare, gemeinsames beisammensein am platze
angstmache in den ohren, verunsicherung verbreitet sich im hirn
keine fixierten liebesgeschichten - unterwegs als jäger und sammler

zum letzten mal beginnt der ernst des lebens
hofft man und setzt doch nicht alles daran
viel zu spät erkennt man schwächen und wird falsch beurteilt
blätter mit wortfragmenten in winziger ausführung als hilfe
und wieder hat man es gerade noch geschafft

die neuöffnung gegenüber der umwelt passierte zu früh
unkonzentration und die sucht auf neues macht blind und taub
und gerade deswegen ist man gefragt wie noch nie
menschenbeurteilung kehrt zurück, man kann wieder unterscheiden
bekanntschaften sind luftblasen, zerplatzen noch bevor sie freunde

verbindungen reißen ab und der kopf beginnt mit der denkarbeit
das denken nicht an allen flecken erfolgt
die katastrophe bahnt sich an und ist auch schon existent
die frage warum? scheint fehl am platze
der grund ist klar, einsicht ist da, nur aktionen fehlen

gehe durch vielbesuchte betonanlagen und bin optimist
graffitis von italo auf unterirdischen wänden
ich hoffe, rede mir ein, vertraue, liebe und bin ich
under the bridge the homeboy wants to be with you
sono ottimista, schienen und geleise, nächte werden begangen

stil

schokoladenkonfiserie mit kirsche und kirschwasser und dazu rosen
ich liebe dich, noch kein paar, wir sind sehr, sehr gute freunde
unterwegs im automobil, zu neuen ufern und restaurants
du hast mich verzaubert, hunger fehlt am abend, dafür nicht die liebe

für meine geliebte, für meine geliebte
ich folge meinem herzen

tracy erzählt von liebe, einsatz und aufopferung für die liebe
lippen legen sich aufeinander und liebe spricht zwischen dir und mir
das gewaltige, unvorstellbare ist geschehen, träume werden wirklichkeit
ich danke dir dafür, dir, die du so ein großartiger mensch

tracy erzählt von revolutionen, unterstützung und hilfe in der liebe
hände legen sich auf hände und energie fließt zwischen dir und mir
das großartige, wunderbare ist geschehen, traumhaft schön bist du
ich danke dir dort oben, dir, der du so auf uns obacht gibst

ahnt ihr nicht, dass sie von revolution reden
es klingt wie geflüster

warme, süße küsse lassen kalte ströme den rücken runter rasen
ich liebe dich, wir sind ein paar, wir sind sehr, sehr gute freunde
unterwegs im automobil, zu neuen ufern und nach hause
du hast mich verzaubert, hunger nach dir, liebeshunger

probleme

plötzlich geht überhaupt nichts mehr
probleme im leben nicht in allen lagen
physiker, biologen und mathematiker
warten auf gute noten nicht lange

keine probleme in der liebe
denn wertvolles lernt man zu genießen
aber schlechte noten in der schule

bei ihr finde ich trost und rat
probleme scheinen endlich undenkbar klein
doch daraus folgen keine taten und aktionen

plötzlich wird es noch schlimmer
probleme mit uninteressanten naturwissenschaften
harte zeiten, starke nerven, überforderungen
positives in anderen fächern lässt verkraften misserfolge

schaffen

chor der chöre
hochgelobt sei der dort oben
der dank geht auch an alle
die mir so halfen
als ich am boden zerschmettert
die liebe und der kampf
halfen mir zu schaffen
was vorher mir unschaffbar schien
nicht umsonst, ist mein name schafferer
dank guter vorbereitung, trotz mangels an zeit
gelang es positives zu verzeichnen
um einen schritt voran zu kommen
mein ziel zu erreichen
doch etwas misslang vollkommen
la matematica war nicht mein fall
alleine wollt ich es schaffen
schaffen wollte ich alles
doch die zeit war zu kurz
um zu lernen, alles zu lernen
all das, was ich noch nicht kannte
den ich noch nicht gekannt
deshalb war es mir nicht vergönnt
auch zu beenden diese letzte qual

(bei	der)	mat	(ura)
ich	ich	und	mei
hab	bin	hab	nbe
ees	bei	eve	ste
ges	der	rsp	szu
cha	mat	roc	geb
ft.	ura	hen	en.
sch	ita	hma	hem
rif	lie	the	ati
tli	nis	mat	kgi
chd	che	ik.	ngd
eut	ngl	nur	ane
sch	isc	mat	ben

gedachtes danach

nichts gelernt
dumm, denke ich mir
trotzdem geschafft
naturtalent, denke ich mir
deutsch
knapp am gut vorbei, denke ich mir
italienisch
verdammt und warum, denke ich mir
mathematik um einen punkt nicht geschafft
pech, denke ich mir
mache es mündlich anders, besser
sicherlich, denke ich mir
die liebe half mir weiter
ich liebe dich, denke ich mir und schlafe ein

pause

danach
und ab nel treno
zwei tage in den süden
anspannung entspannung
fotos ablassen
senza stress entstehen viele
erinnerungen unterwegs
verona kehrt zurück
pause und arena di
und ab basta und pasta
nach hause

4 weeks

nie ging ich hin
ein großer fehler
hatte keine zeit

oder wollte nicht
arbeitsgruppen
ohne mich

angespannte sphären
zwischen mir und den lehrern
große angst in mir

ich zeichnete wie blöde
la notte prima degli esami
lernte ich geographie

koffein, trank vier dosen
bis ich nur mehr wach war
mathematik nicht geübt

italienisch nur blätter
die allererste prüfung
am dritten prüfungstag

drei von 4

nerven nicht drahtseile
herzflattern im inneren
schweiß auf der stirn
grübeln und denken

welche beispiele haben sie gewählt?

schwarzer anzug und weißes hemd
grüne fliege und schwarze lackschuhe
rot die wangen und braun das haar
niedersetzen und zwei fragen

die zeit ist leider abgelaufen!

ich stehe auf und gebe den zettel ab
ich gehe hinaus und setze mich
eine professorin kommt um uns zu holen
alle gehen mit und stehen im zimmer der entscheidungen

sie müssen leider nochmals antreten!

bildnerische erziehung	kreativ	eins a
geographie	flächendeckend	befriedigend
italiano	male	doch genügend
mathematik	verrechnet	daher nicht genügend

trotzdem dico „grazie a dio“!

einfach fort

ich bin einfach fort
einfach auf und davon
ohne adresse aber mit ziel
einfach auf und davon
hinein ins flugzeug und ab
einfach auf und davon
alles hinter mir egal
ich bin einfach fort

einfach auf und davon
auf das motorrad und los
einfach auf und davon
auf rhodos in das erleben
einfach auf und davon
lautfeurig, feuchtfröhlich
einfach auf und davon

ich bin einfach fort
einfach auf und davon
der mathema-tick entwickelt sich
einfach auf und davon
nur die liebe fehlt
einfach auf und davon
sehnsucht nach dir
ich bin einfach fort

arbeit

orte und regionen
pakete und briefe
tage und nächte
harte arbeit in der
hitze, stupide
tätigkeiten und leute
du im hamburger
restaurant hinter der
theke, wir, arbeiten
wir wenig zeit für
uns und andere,
für anderes
doch geld
in unseren
taschen

bei dir

ich wollte lernen doch es gelang nicht
monate, wochen, tage und ich tat nichts
stumpfsinn und sumpf in ligurien
kaff und keinen sinn mehr

italiener im tourismus, ort
jugendliche machos lieben austriache
wir hassen männliche und feminine tussis
ich habe genug und will heim

genova, milano und verona
mit dem zug her, aus der tristesse
homeboy mit tränen in den augen
brennero, carboni und venditti

mit dem zug des glücks zurück
nach hause, back to my roots, back to romanroad
gemüse wird gekocht, keiner ahnt etwas davon
anonym in unserem leeren haus

ich rufe dich an um einen gefallen
ort x ich bin dort und du kommst
wir fallen uns in die arme
wieder zurück und endlich bei dir

wir lieben uns noch immer
noch immer und immer mehr
immer mehr und noch mehr
ich komme zurück und bin hier

der zweite streich

bin so dumm gewesen
habe nichts gemacht
gearbeitet den ganzen sommer nichts

ließ diesen tick einfach wallten
mathematik im hinterkopfverstecke
im schrank nicht mehr alle tassen

der zweite versuch scheitert total
null punkte vernichten träume
keine ereignisbäume, kann gar nichts

nachgeholfen will ich es schaffen, mündlich
doch es kommt anders, nicht schlafen können
als ich zum militär einberufen werde

scheinbar ein falscher moment
um zu üben, um zu studieren, verschiebe
kraftaufwendungen auf das nächste jahr

ich bin soldat
(100% ernstgemeintes reimfeuerwerk)

der oktober zieht ins land
bin soldat fürs vaterland
steh stramm in meiner gruppe
mittags löffle ich meine suppe
mach nie blödsinn und radau
nimm befehle furchtbar genau
marschier über den kasernenhof
gleiten find ich niemals doof
zerlege schnell das stg
laufe barfuss über schnee
ich bin ein harter kämpfer
nichts versetzt mir einen dämpfer
endlich ist der oktober aus
gottseidank holt mich wer
aus dem ef-zug raus

der mathema-tick

tIk TAk
mathema-tick

Mein hiRn Hat EInEN knACkS
mathema-tick

sChLAflOSe NÄchTE uND tRäNEn
mathema-tick

IOOO lEuTE WEineN
mathema-tick

LIebE sTÄrkT MicH
mathema-tick

Ich kANn UNd BIN nIChtS
mathema-tick

dAs ENDe BeiNAHe NahE
mathema-tick

KUrZ VOr DEm absTUrz
mathema-tick

TIk tAk
mathema-tick

neues leben

betreu menschen aus ländern
in denen krieg viel veränderte
bringe brot und speisen
die nicht immer freude bereiten
habe genug zeit um zu schreiben
in einem büro, in olivgrüner uniform
beginne mathematisch zu denken
kein misserfolg kann mich jetzt betrüben
habe einen guten lehrmeister
zeige gute fortschritte
will die prüfung schaffen
und den tick loswerden
ein für alle mal

positive einstellung

freizeit viel
und vorbereitung gut
löse beispiele
das zu lernende wird weniger
einer macht, zeigt es vor
und ich mache es nach
positive einstellung
bleibend ein knacks im hinterkopf
bedrückende gedanken und worte
hilfe der eltern
nur ein thema zählt
positive einstellung

der beste streich

kein schlafen nur dosen und denken
kopf schmerzen aber keine medikamente
glaube an gott wenn ich es schaffe dann...
3 uhr früh gedanken über mein leben
14 uhr früh aufstehen und noch lesen
bin vorbereitet und habe alle beispiele gelöst
roter mercedes bringt mich zur gelben schule

lesen und zittern
molkegetränk und apfelstrudel
sitzen im pausenraum und ewiges warten
schwarzer anzug und intellektueller rollkragenpullover
warten und warten gänge entlang und luft schnappen
17 uhr und ich werde aufgerufen
ich gehe hinein und nehme mein prüfungsblatt

ich setze mich und beginn mit der prüfung
ich habe dreißig minuten zeit
fiebrig agiere ich und stresse mich selbst
verrechne mich und gerate in panik
trigonometrie und wahrscheinlichkeit
das erste beispiel gelöst das zweite zur hälfte
die zeit ist vorbei und die präsentation beginnt

15 minuten zeit, agiere zittrig
das erste beispiel gelingt gut
beim zweiten beginne ich zu stocken
doch schlussendlich gelingt es doch
sollte mindestens befriedigend erreichen
um durchzukommen, die prüfung ist zu ende
ich verlasse den raum

bin innerlich aufgewühlt und erleichtert zugleich
will nie mehr wieder in meinem leben maturieren
j. f. b. und co beruhigen mich
ich fiebere wieder die gänge auf und ab
um 18 uhr werden nora und ich hineingebeten
der zweite nebentermin ist beinahe vorbei
sie gratulieren mir

habe die reifeprüfung bestanden
beginne zu strahlen, endlich reif bin ich
nora hat englisch nicht geschafft
mit g. und m. sitz ich bei einem bier und danke
denn ich habe das lang ersehnte papier in händen
doch habe noch nicht einmal das wichtigste bemerkt
dass ich es wirklich, wahrlich geschafft habe

ich bin ein maturant

mathematik verwuchs sich in einen tick
verrückte mich aus meiner selbst
bis ich alles hinter mich gebracht hatte
und nun nicht mehr derselbe wie zuvor
damals angst als verlierer zu enden
heute alles sich zum guten
gewendet, zum glück, denn
ich bin ein maturant

2

sarkasmus,
humor oder cavi 1992

kommen

ich
du
sie
kommen

doch sich
doch uns
nicht kennen

jetzt sind
wir da
kennen bald
wir uns

hoffentlich

die mahlzeit

und dann sitzt jeder vor einem schnitzel
die nerven gekitzelt, erblickend jene dame
die dame des hauses, mikrophon ringende
ein erster ton, mahl, zeit, aller, seits
ein männliches kind, zu lachen, beginnt
als die notdurft erläutert, in allen facetten
die regeln des benehmens, des handelns
in den sanitären anlagen, den geschmack
der speisen verstumpfen, verstauben
das schnitzel, den salat, die beilagen
vermodern, verfaulen lässt, im toiletten
gerede, bis endlich ein letzter ton, mahl
zeit, jeden in die freiheit entlässt, auf den
weg in die schlange des wartens, vor den
schüsseln aus keramik, die nun zur
kollektiven übergabe der speisen, dienen
müssen, um die übelkeit zu vertreiben
um sich zu befreien, von einer rede, von
einer dame des hauses, von einer mahlzeit

die promenade

wir treffen uns hier jeden tag
mit den italienern
nicht wir
nur die mädchen
wir sind einfach nur dabei

das radio auch
ohne takt unser gekrächze
ohne rhythmus alibitänze
lange schwarze haare durch lüfte
italiener schauen zu

namen kommen und gehen
auf den steinbänken, den mauern
neben uns die mädchen
vor uns die italiener
hinter uns der dunkle strand

primitives gerede
auf italienisch wie sich wohl versteht
unterdurchschnittlich, denkend
die italiener, sie lachen
zeigen auf uns

komplexe haben wir keine
wir lachen mit
aber verhalten besser uns
nicht die mädchen
verfluchte

tag und nacht
wir sitzen an der promenade
hoffnung, wird es sie geben
wir glauben nicht daran
nicht in cavi

die italiener prügeln sich
fünfzehn bald auch
gegen uns, doch
wir springen von der mauer
werfen sand

unter der bar des bagno
vorbei und wieder auf
die promenade auge in auge
mit den südeuropäern
und ihren magenhaken

italienischer humor
nichts ist passiert
wir sitzen an der promenade
alles lacht, nur nicht wir
alpinen mitteleuropäer

jeden tag dasselbe
touristische unterhaltung
der ort, die promenade
hilfe gibt es nicht
oder vielleicht doch?

fleisch

ist gesund, wer dies denkt
ist es nicht, ist ungesund
in großen mengen, ein
halbes schwein, kann
man verdrücken, ungestraft
zu jeder speise, als beilage
zu jeder beilage als beilage
gemüse nicht kennend
darf nicht auf die teller
die halb, die vollpension
das frühstück, fleisch
bleibt im magen für immer
am meer, in jenem
ferienheim

das meer

die jungen und alten
im aufgewühlten wasser
kühlendes, heilkräftiges
salz, sich sonnende
möwen, darauf wie
ölfässer, es ist sauber
das sieht ein blinder
sagt ein tauber, glänzend
sonnenölige oberflächen
keine fische darunter, zwei
hundert will der pächter
für einen liegestuhl
am strand, um das
meer anblicken zu
dürfen, im sitzen

fotos

werden gemacht
die kräne über den dächern
dazwischen die sonne
werden gemacht

werden gemacht
von dir und mir über den dächern
dazwischen die sonne
werden gemacht

werden gemacht
von den fotos über den dächern
dazwischen das foto der sonne
werden nicht mehr gemacht
der film ist zu ende

das dach und sie

ich kenne sie
sie wohnt auf dem dach
es ist schön
schön alt
aber schön

sie ist ausgezogen
sie wollte dort unten nicht mehr
einfach lebt es sich auch hier
das dach ihre neue heimat
wunderschön

urban in freier natur
die sonne und ihre strahlen
der regen und seine tropfen
hautnahes erleben des lebens
auf den kopf gestelltes leben

die disco

kopftuch runter
ohrringe raus
t-shirt ordentlich
sonst kommst du nicht rein
arcobaleno
seriöses gehabe, italienisch
nur zwei stunden dauert es
bis wir drinnen sind
in der disco
und wir tanzen bis zum
umfallen, und wir
sitzen, und wir trinken
bis sie schließt
die disco
um vier uhr
früh

die strandverkäufer

„gaddafi machen mit
innsbruck bumbumbum"
nichts ihm abkaufen
billigware benötigen wir
nicht, sind wohl wohlstands
geschädigt, ihr die fiky fiky
compilation, ein käppchen
für den hofrat, oder doch
wieder nichts, er schreitet
weiter, der marokkaner
seine jeans kauft niemand
spiele, sonnenbrillen, zeug
das niemand braucht, will
und doch, am ende etwas
verkauft, „arme kerle" sagt
eine sonnenhungrige

(weibliche) gigolos

mit jedem an jedem ort
und danach wieder vergessen
kurz und bündig
nur manchmal wird vergessen
verzögert, spuren, bleiben
kürzer oder länger
jedem das seine, jeder das ihre
es gibt männer, die sind gigolos
es gibt frauen, die sind weibliche
ausformungen dieser spielart
des grauens

grau (sig)

wir sitzen am strand
simone und ich und die anderen
wir machen, wir machen durch
essen und trinken
ginger sehr rötlich
chinotto sehr schwarz
bald ist alles aufgegessen
und ausgetrunken, alles fertig
wir sind es auch, zum schluss
nur mehr simone und ich
die nacht wäre wieder
geschafft

wir leben und lieben

cavi di lavagna, es ist dunkel, weit nach mitternacht
träumen in den betten, am dach ist noch was los
hans söllner auf dem band, es geht um die menschen
es geht um liebe und es geht um hass
und er singt weiter
du liegst auf der matratze, der typ neben dir erzählt dir etwas
ich neben dir, die weiche alte matratze unter uns
modriger wassergeruch in der luft, über uns ziehen die wolken
blitze rennen durch die atmosphäre, sie laufen bis sie irgendwo
anstoßen und stehenbleiben, es ist ganz dunkel, für momente
der wachtturm im lichte der autos, verkehrsrowdys daran vorbei
man hört das meeresrauschen, ganz laut, lauter als jedes wort
willst du mit mir gehen?
zum strand? schon leicht dösend sagst du ja, ich zerr dich hoch
vorbei am sonnenschirm, füße barfuss in den schuhen
schritte auf den stufen, beinahe eine ewigkeit, bald ganz unten
und hinaus, der strand noch weit, unten durch
bald geschafft, steinerne stufen hinunter zum strand
schon sitzen wir im sand
deine hand berührt die schwielen der meinen
entstanden durch des postbeamtens harte arbeit
im täglichen teuflisch kampfe gegen postleid- und zahlen
harte dunkle wolken zerbersten sich gegenseitig
der himmel über uns in trümmern, kaum zu sehen die wolken
dunkelheit über uns, runde bunte kantige schöne
steine unter uns, hart auf einem zu sitzen
doch die vielzahl derer macht es wieder weich
grün oder türkis das licht fährt vorbei, ist eines in seenot?
weil es vorbeifährt, 200 meter von bagni astoria entfernt
es donnert und grollt, wir sind zerrissen und angespannt
hand in den händen, das sitzen wird zum warten
wir sprechen über alles, über freunde und das leben
heute kann es nur uns geben, der sinn mancher worte ist nicht
immer klar, wir sprechen über werte, geistige und verkörperte

du denkst nach, ich erkläre es dir, die wellen berühren beinahe
unsere füße, das meer ist unruhig, es kämpft mit sich selbst
es will uns mitreißen, der himmel wird langsam heller
menschen kommen um aufzuräumen, möwen tauchen nach
fischen, werden von den wellen verschluckt, kein aufgang
zu sehen, die sonne steckt hinter den wolken, die ersten
fischer besteigen die felsblöcke der mole, regentropfen fallen
wir sitzen im sand, wir stehen auf, wir rennen unten durch
wir werden nass, hans söllner auf dem band, es geht um die
menschen, es geht um liebe und es geht um hass und er singt
weiter, es ist morgen, die welt erwacht auf' s neue, wir sitzen
am frühstückstisch und essen unsere semmeln
mit nutella

der abschied

küsschen
alle verabschieden
mit dem auto fahren
mit der eisenbahn fahren
eine nacht
und es ist aus
ich bin wieder zuhause
neues leben
vertrautes
liebe
aus

3

ohne einander

abschied

ein lebensabschnitt ist zu ende
ein spiel verloren und eines gewonnen
ein paar bierchen zum abschied
falle in deine arme
der abschied fällt schwer
wenn man sich liebt
ist es hart zu gehen
die nacht wird zum morgen
bin fort für dich
doch dann tauche ich wieder auf
aber fortgehen ist bitter
stehe am bahndamm und weine
du bist fort

du

bist ein teil von mir
wenn du weg bist
bin ich nur mehr
ein halber mensch
zerbreche alleine
denn ich liebe dich

freiheit

habe das militär hinter mich gebracht
kann wieder alle freiheiten leben jetzt
doch kann mir jede freiheit dieser welt
gestohlen bleiben, wenn ich diese
freiheit nicht mit dir leben kann

an dich

in- und auswendig dich kennen
obwohl mit dir kein leben gelebt
doch du bist nun in den westen
gegangen, die dinge die du tust
nicht kapieren, verstehe dich
gewiss nicht immer, doch hänge
sehr an dir, aber verspüre keine
wut, in keinem augenblick
doch das schöne wird sich nun
ins dunkle neigen, deine warme
weiche liebe fehlt in allen augen
blicken, ohne dich

dove sei (canzone)

quella vita di noi due
quella vita senza di te

quest amore vicino a me
quest amore unico

ragazza mia
io sempre ti amo

ragazza mia dove sei?
dimmelo adesso!
ragazza mia dove sei?
dimmelo adesso!

è molto triste davvero
ma tu sei bella

ci siamo amati
adesso solo nel cervello

vita mia
io sempre ti amo

ragazza mia dove sei?
dimmelo adesso!
ragazza mia dove sei?
dimmelo adesso!

ich hasse

sie schlafen mit
sie reden von freier
wollen keine grenzen
ich hasse jene
sind so dumm
sie müssen mit
haben keine grenzen
ich hasse jene
haben mit allem
denken nicht
denken nicht normal
ich hasse jene
die laut und dumm
die sich an die spitze
alles riskieren
ich hasse jene
schlafen und schlafen
glauben an quantität
alle nur an
ich hasse jene
sollten nicht geliebt werden
jene sollte man hassen

distanzen zwischen uns

und liebe dich wie mein ganzes leben
kann ein gefühl nicht beschreiben
wirst du mich trösten, mich pflegen
wenn ich wieder unten landen werde

dort wo du jetzt bist
wo ich geborgenheit finde
wärme stärke halt und achtung
wirst du an diesem ort sein

mein gott und auch du
werdet ihr schreien oder lieben
sind fehler wirklich erfahrungen
lernt man niemals aus

nimmst du mich in deine arme
dann bist auch du in sicherheit
finden wir gemeinsam einen weg
wird sich die welt nicht mehr drehen

entzug

ich habe entzugserscheinungen
liege im bett und zittere
meine augen tränen
mein hirn ist kaputt
ich bin tot
ich denke an diese frau
ich verliere an gewicht
ich schuffte mich zu tode
lebe nicht mehr

ultravisioni

dieser
sommer
wird
zum
winter

ohne dich

auf zu dir (reimreise)

fahre und er fährt mit mir
wir fahren gemeinsam zu dir

sitze in diesem gefährt der bahn
reise, denk daran lonely mann

glitzernd warme sonnenspitzen
schnell rasant im zuge sitzen

weiten, enge täler und breite felder
berggiganten, dörfer und wälder

häuser, soziale bauten und fabriken
die unter graffiti-„schmutz“ ersticken

große seen, geleise und menschenhorden
meine liebste nur bei dir bin ich geborgen

reden, lieben, lachen
unsre hitze unendlich machen

wut

hier ist der sommer
du bist es nicht
ich denke nicht an dich
du bist mir entfallen
ich arbeite für mein geld
du arbeitest für dich
denkst du an deinen freund
gib dich mir zurück
sei wie du warst
ich bin es nicht
sehe dich nicht
ich vergesse dich nicht
was halte ich von dir
was bist du für mich
bis du noch realität
wo ist unsere einigkeit
gibt es unsere liebe noch
ich zerreiße mich
zerstöre mich nicht
schmerzen stechen krater
augen weinen nicht mehr
vergangenheit ist zu ende
zukunft denkt nicht für uns
sehe nur mehr dein bild
bin nicht mehr da
kann nicht unterscheiden
wähle ohne zu sehen
bin blind
werfe blicke auf andere
gibst mir keine hoffnung
sehe dich nicht mehr
schmerzen habe ich nicht
bin irgendwie zerstört
finde keine verwüstung

sie ist im hirn
einsamkeit und arbeit
leben im sommer allein
wozu das alles
kann nicht mehr leben
wo ist die frau
wo bist du
warum nicht zu zweit
warum nicht wir zwei
zu lange zusammen
noch länger allein
gib mir deinen körper
gib mir deinen geist
gib mir deine seele
ich will dich nicht besitzen
will nur dein freund sein

wochen & monate

diese wochen
dieses leben
wieso und warum
ohne dich
nur ein bild
an der weißen
wand
gedanken, leben
und sein
ohne dich
wochen wochen wochen
monate monate monate

berner offenheit

der große dunkle bahnhof
züge fahren ein und aus
untergrundstation
riesige schwarze hallen

frauenstimmen verkünden hell
touristen humpeln vorbei
kinder zerren mütter schwer
pensionisten erzählen geschichten

düstere bilder unter der erde
rote bänke ohne menschen
dicke damen wühlen auf
frohe liebespaare küssen

spanier, portugiesen, schweizer
franken, rappen, dollar
gipsfuß, herzleiden, strohhut
englisch, blüten, horrortrain

todschick gekleidet kaum erkennbar
hübsche menschen nicht erkannt
hässliches fällt schnell auf
sauber gepflegt das gelände

der zug im zuge des zuges
switzerland erobert durch alle
liberal-nationale eidgenossinnen
braungebranntfarbige auch wieder

durchzug

tunnels, seen, berge
thun, spiez, brig, zermatt
mal modern, mal uralt
flach, weit, steil, eng

schnell, balladig, voll, offen
maisfelder aufrecht hier
sing-sang rotbraun
steile giebel, rundliche kinder

wohlgeformte bauten vordergründig
perplex geformte plexiglasgesichter
bauernvölkisch rundgelacht
frech, frisch, fröhlich

naturbelassener betondreck
künstlich geschaffene bergriesen
hafenorte an blauen seegeländen
hilfreich wollüstige trickspieler

haben

schlafe dir die ganze nacht weg
du willst sie für dich, doch lass ich sie dir nicht

umschlingst mich völlig mit vertrautheit
finde kaum luft zum atmen

wir zwei, was haben wir gelacht
ja, worüber eigentlich?

nimmst mir die gedanken durch deine worte
bist vorbildlich und hast recht

ich wirke mickrig ob solcher ideen
kann nicht mithalten muss mich tragen lassen

trage mich ruhig lieben kannst du mich auch
sehnsüchte werden gestillt und gehen über

ohne einander

ohne dein gesicht
ohne einander
ohne deine stimme
ohne einander

ohne deine nähe
ohne einander
ohne deine wärme
ohne einander

ohne geborgenheit
ohne einander
ohne intelligenz
ohne einander

ohne dich lange zeit
ohne einander
ohne uns zu lange
ohne einander

matterhorn

matterhorn
du harter fels

matterhorn
mit kaltem eis

matterhorn
du symbol der härte

matterhorn
fordert neue opfer

matterhorn
du todesengel

matterhorn
mächtig und groß

matterhorn
kannst nie weichen werden

matterhorn
dein horn nie matt

alles was (spruch)

alles was
ich jemals wollte
fand ich ganz allein
in dir

zum fressen gernhaben

ich fress dich, wenn's sein muss
heut zum frühstück

auf meine linie achte ich sehr
und ess keine fetten speisen

wenn du grad so daliegst
nimm ich dich als dessert

meine lieblingsspeise ist nichts totes
nein, sie ist quicklebendig denn du bist sie

was mach ich nur ohne dich
wenn ich dich gefressen hab

du schmeckst mir zwar gut
doch will ich dich lebend nicht missen

was soll ich bloß machen
ich glaube ich lasse mir zeit

am besten fresse ich dich
bissen für bissen

schwitzerland

reise durch die schweiz
ein golden glänzendes vorbildland
gerühmt und verehrt
doch sehe sie ganz anders

sehe den dreck, aber
tröstet mich nicht hinweg darüber
lasst auch kritik wallten
werdet wieder viel schönes sagen

über landschaft, hirn und geld, nur
gerade sätze sprechen kann kaum einer
verschmutzte umwelten führen zum tode
bürokratie und laxe verhältnisse

senkrecht hinauf, keinen krieg erlebt
nur am rande, stundenlang nur gelobt
schweiz den schweizern und trotzdem
ist es schön hier

tiefer

wache mit dir auf
gehe mit dir zu bett
denke nur an deine nähe
denke nur an deine liebe
du gehst mir tiefer
tiefer als du glaubst
berührst mich tief in mir
weiter kam kein mensch
geh nur noch viel weiter
werde dich nicht aufhalten

zürich

goldene noble
dreckige verrottete
letzter stopp
zürich
jetzt nach hause
raus aus der schweiz
ende der schweiz

realität

ich nehme
dein gesicht
und küsse es
bis alles geliebt
was ich an dir
so mag

was und was nicht

was sind schon
vier monate
und was sind
sie nicht
wie veränderst
du dich
und wie nicht

graue zeiten (reimsuppe)

nichts mehr wie es war
arbeitest an einem fremden ort
machst dich wirklich rar
dich zog es von hier fort

zweimal fährt der zug mit mir
graue wochen lassen mich arbeiten
zweimal muss dieser typ zu dir
graue wochen und graue zeiten

drei monate musst du verarbeiten
zur erholung hast du nur mehr einen
auch ich bewege mich bald in andren weiten
in diesen monaten muss ich oft weinen

leben ist lieben

in meinem kopf
drehen gedanken runden
um deinen namen und
dein gesicht
zur liebe gehörst
ganz einfach du
doch wie kann
ich leben
wenn leben
lieben ist

fürderhin

tra-la-li
an und für sich
an und für dich
gedacht und nicht
gelacht und nicht

sieben

gehe und gib acht
um halb 7 und 1/2 acht
vorsicht vor dir und mir
gerüchte und trilo-gier

acht

theorien sind quatsch
was ist in und was out
wohin führt der weg
bring erfahrungen mit

zen

paradoxer weise, nein
stehen züge auf geleisen
doch stehen menschen
nicht allein im kreise
verschrobene geschichten
und falsche freunde
machen das leben süß
vorsicht und nachsicht

elf

lehnst du ab und finde
gehe in richtung für dich
lebe und gebe nicht zuviel
geliebt und verbraucht

zermatt

erkenntnis
erfahrung
vertrauen

anfang & ende

der bahnhof ist der
anfang und das ende
es wird getroffen
und verabschiedet
auch ich treffe wen
du bist es, du die liebe
habe nicht mehr daran gedacht
einen brief dir geschrieben
zuerst finde ich dich nicht
doch dann bist du wieder da
ich sehe dich wieder und liebe
ich liebe dich ohne bedenken
sehe deine schmerzen und tröste
kann dein leid kaum ertragen
ich liebe dich einfach zu sehr
zu viel der liebe ist nicht
schlecht, der bahnhof ist der
anfang und das ende

schwäche

es sind wieder diese tage angebrochen
wo ich nicht mehr weiß wer du bist

ich weiß nicht mehr wer wir sind
ich traue dir plötzlich alles zu

würde ich mich zurückerinnern
ich könnte es nicht schaffen

auch ich trau mir alles zu
noch im halbtraum bin ich zweierlei

ich bin stark und schwach zu gleich
ich könnte mir jede nehmen

in jenen momenten zwischen uns
die mich sterben lassen

unterwegs

suchen erholung im
selben land
doch sind getrennt
unterwegs
du auf schienen ich
im flugzeug
ich denke an dich und
nicht an mich
sehe dich vor mir und
genieße dich
kein lebenszeichen
von dir nicht egal

sommer & winter

wir sind nicht nur mehr bloß freunde
ein schritt, verlief, in fließender form
war und bin froh, dass ich dich gefunden

was sind schon vier monate im vergleich zu
achtzehn, was anfangs schmerzte, war plötzlich
verkraftbar, war bei dir und froh dich zu sehen

ohne dich zu leben wäre nicht verkraftbar
dein gesicht in meinen gedanken, meinem herzen
fuhr zu dir, denn zerbrach ohne deine art

wenn nichts mehr ging glaubte ich an dich
viel neues, so viele neue gesichter und menschen
um dich, gedanken an dich in diesem sommer

diese prüfung hast du erfolgreich bestanden, suchst
dir wieder neue herausforderungen für dein leben
verstehe dich immer zu gut, aber oft auch kein wort

endlich...

bist du hier
lange auf dich gewartet
der sommer zu ende gegangen
endlich bist du hier
liebe dich aus dem stegreif
monate vergingen
der herbst bringt dich mit
endlich bist du hier
bleib bitte hier

4

kehrseiten,
meer oder cavi 1994

busrebell

den blick geradeaus
den kopf in eine richtung
apathisch in den sitzen
ein geradeaus doch nur

schwärze beherrscht alles
schwarze fahrbahn hier
schwarzer innenraum und
schwarze seelen vielleicht

augen wachend schlafen
kinder müde lachend
verträumt verfahren
enge füllt die dichte

nachtfahrt

22.00 uhr innsbruck eine straße auf der wir fahren gegen süden bist von mir ein abschied in die nacht wundervoll ich fahre nicht bin gefahren werde weitergebracht dich in gedanken gutgeborgen dich hoffend rotlichter im grünlicht schreibe ich hier ein abschied vorbei doch in hoffnungen mit dir eine freude überzieht mich denkend an uns beziehungstiefe und nähe spürend dich auf das wiedersehen sich und uns nahe 22.37 uhr brenner rotes digitaluhrzeitengerät verkündet zeiten grüne deckenlichter über allen körpern bus ein fahrend engezentrum in den süden sind wir eine masse fließend fahrend weiter nein noch bin ich anonym alleine unter vielen zahlreicher ortschaften ins italienische entgegen 23.18 uhr würdest du oder ich oder einer von uns jetzt sterben elendiglich verendend der zweite verlorenes leben sich empfindend ein tod wäre die erlösung des zweiten dann 0.14 uhr trento ein schiff und doch kein flugzeug ein schweben über steinern wege straßenasphalt unter uns immer sanft ein menschenköpfepaar starrend wenig regen nächtlich doch sonne kaum fliegender teppich auch niemals etwas anderes schwebt über straßen rauschend dumpfes weiterfliegen 1.11 uhr rovereto worte zum ersten male wieder geld wieder im geliebten lassen sich wieder wohlfühlen können endlich in dieser glückseligkeit dich zu hören mitternächtlich 1.31 uhr berge schwinden lichter wind himmel enfant terrible blickt böse hinunter sinken von berghängen 1.49 uhr kein grey-hound-bus dieser beck-er in schrillen tönen berge hinter mir sich ziehend es herrscht die weite ebene hier verona erinnerst du dich daran verdammtes trauergesicht erdrückt mich 1.55 uhr verona müde entschlafen für minuten einer autobahn entweichend rasch wasserflächen in mantova klar hier in vertrautem neues finden 2.29 uhr mantova wie in einem traum doch nicht real morgens soll ich endlich meer sehen irreal durch dunkelstraßen weiter 2.36 uhr furchtbare frau schläft schnarchend ich denke an deine liebe rasen über landstraßen 2.50 uhr grün ist schwarz doch natur fluss und der name ist dreckig ein po heute nacht durch eine ebene ebene ein totenfriedhof leuchtend friedlich der apennin wird parma nachfolgen 3.24 uhr parma endlich hier die letzte ebenenstadt 3.43 uhr ein pausierender nachtbus an autobahnen eine alkoholikerin ist diese frau und ich denke an unsere liebe eine nachtfahrt ohne uns berge wachsen wieder höher von flachen flächen aufwärts sternenhimmel und wir darunter nur heute nicht nein nur ich 4.33 uhr einen abschied nicht so schwer berge hinunter ein ziel das meer 4.49 uhr graue tunnelröhren hell durchfahren waldreiches und höhlentunnelhaftes lange nächte werden heller doch 5.26 uhr ein erster blick auf ein meer von den bergen noch im düsteren morgenschein verkörpernd 5.45 uhr morgenbläulichkeit ist über dem land ein meer ist nicht mehr fern doch du bist es auch nicht sestri im morgenlaternenlichtermeer 5.49 uhr nahe meereswogen in den augenwinkeln 5.51 uhr cavi ist hier und wir auch

hafenbild

ein hafen voller schiffe
wasser und ein beleuchteter steg
keine roxy-bar doch ein lied
noble blässe nur wenig
keine unterschiede hafenort
nichtbesitzer und besitzer
ein hafen voller schiffe

horizonte

ein meeresblick
auf ein wasser hinaus
das dunkel schwarze
flachwasser
regendunkel
heiten über alledem
gleißend
horizonte helligkeit
göttliche
weiße sonnenstreifen
vor dem regen

ein fensterblick
auf rote straßen
das rotgelbe sonnen
untergehen regen
hat nichts
verwaschen fort, rot
höllisches
brennend
auf häuser bau
kräne und fallend
rund sonne

wie geht es weiter?

ein konglomerat aus hektik
einatmen und ausatmen
hilft nichts keine ruhe
wahnsinn und rastlosigkeit
sommergefühle? wohin sind sie?
verrücktheiten und nervensägen
verkaufen und gelderfluss
keine entspannung nur stress

bild von dir

beobachte ein junges mädchen
warst du so wie sie hier
eine unschuld schön an einem meer
noch keine 14 und schon göttlich
wär sie du hier in den wellen
dich in mich ziehend liebend
langes dunkles haar ein bild von dir
einen augenblick dich in ihr gesehen

meereshorizonte

papier unter sonnenkugeln
weißheit in hellblaue himmel
augen durch schwarze gläser
summendes singen in den ohren
sanft dumpfer duft in nasen
ein prickelndes glänzen tanzend
ein horizont klar doch blauweiß
mein körper über strandbuntsteinen

hellklar

schwarz
braune augen
strahlen, klares
glück strahlt
aus ihnen
öffnest deine
lippen für ein
lächeln dein
gesicht möchte
ich für mich
wärme von dir
an mich
greifen soll
eine umarmung
ewig musst
du sein, deine
liebe in die ich
mich fallen lasse
klar und sanft
bist du
offenschön
punkte der
schönheit schwarz
meine öffne
deine lippen
für einen kuss

addio al celibato

das mittelalter bunt und düster
prachtvoll bereizendes flair
kämpfe mann gegen mann
blutig verzerrtes bild
schwarze beklagte zeiten
himmlische sphärenklangmalerei

das 20. jahrhundert plastisch
roben kleider dieselben
kämpfe zur zierde sanfter
unblutig verrückte tradition
vielfarbiges pferdetreiben
ein dorf und ihre fürsten

kein beethoven

zu sehen ist am wichtigsten
doch hören zu missen schwer
lieben ist wertvolles gut
doch will ich kein beethoven sein
will dich hören können

zu hören scheint mir wichtig
diese tage sind qualvoll
nur halb so gut zu hören
ein szenario des horrors für mich
will dich hören können

ein bild in ligurien

nächtlich meeres vollmondwolken
mondschein schimmernd auf wasser
helle nächte hafenbecken hell
landschaft düster nachthart

keine sonne ist ein mond
altes häuserwerk in chiavari
autogewirr todesverachtend
hirnverbrannte nachtraserei

will bei dir sein

will bei dir sein
dich spüren verführen
will in deine arme
mich dich legen
will nur mehr dich

will bei dir schlafen
nur bei dir wachen
will dich küssen
nur dich sehen
will bei dir sein

ein fremder?

was ist bloß los
was ist passiert
nichts wie es war
was ist los mit ihm
erkenne ihn nicht mehr
nächte merkwürdigst

was ist passiert nicht
warum sehen wir
was ist geschehen
wer ist er heute
ist er ein fremder
eskalierende situationen

in rapallo

eine palmenallee und ich fühle italien
melodien sind wieder mich entreißend
menschen doch kein fremdsein
ein gefühl sich hier wohl zu fühlen
nacht in mitten sich in allen hitzen

samstag und ich denke in sehnsüchten
dich in armen hier wir könnten lieben
junges sich mitsingend leben, im
„nettuno“ sich und doch auch inge
aber denke hier an dich meine liebe

höre !

berührt mich sanft von hinten ist ein beck-er
verweine einen traum an einem muttertod
wache auf sehe doch höre keine realitäten
dumpfes sinnloses leben in ohrengedanken
werde ich taub gedanken im rauschen

nur kurzes vertrauen genügt den bademeistern
sie haben heilende hände für mein ohr
ich höre und ich höre wieder mich
wellenberge über mich doch ich höre
inge bringt mir abends kopfschmerzen

meeresregen

blauer weicher sommer atmosphären hellweiß
sekundenlange blitze streifen horizonte
tropfen und tropfen und menschen im laufen schon
flucht aus dem paradies so sehen es viele
graue wasseroberflächen dunkle himmel
helligkeit verwaschen dunkel düsterhaft

durch tunnels über promenaden und regen
tropfen über tropfen und kein blau in bildern
kartoffelkräuter verbrannt in nasen stechend
ein dritter stock ein hotelzimmer und donnern
gewitter brechen los ein regen und wässern
blitze reißen beton akustisch in stücke

umstraßt

ein dunkelberg umstraßt
dörferlichtermeere im tal
graue wolkentürme
höhensicht auf hafenmeere
eine kirche bergmarmorn

torta dei fieschi

um eine torte sich alles dreht
antonella und nunzia und verena
legal heute ein blick auf damenbrüste
barbara und antonella und ich
straßen voller neubenannter menschen
küsse und kein auffressen doch essen

eine kleinstadt und eine hochzeit
dei fieschi beherrschen mit torten
hand in hand durch das chaotikum
küsse und tortige münder süß
bunt und schön und manchmal hässlich
spannendes suchen und immer diese torte

geradelang

abendstraßen geradelang
blaugrau verwolkte atmosphären
gelboranges lichtlampenmeer
ein straßenstrang verfahrenheit
innenstadtstraßen schattenlichter

3.00 uhr früh im süden

und du bist kein schmerz
schmerz kannst du nie sein
ich denke an deine gesichter
deine art ist mir vertraut
ich will dich immer lieben

das morgen ist auch egal
doch mit dir nicht egal
danke ist ein gutes wort
doch und deshalb muss ich
ich muss zu dir, umarmend

ein abschied von cavi

noch in finalen fremden momenten
ein letztes mal ein meer berühren
farben aneinander in einander streichen
noch einmal in bildern versinken
ein star bejubelt vom publikum
der der den sieg des teams bringt
begratuliert getragen von der villa limone
sieben sachen gepackt doch kein schlaf

im norden vom süden

locker lässig reihen sich blauweiße wolken
hier im norden ist es flacher als im süden
strichstrahlen der sonne wie gottesstrahlen
schattenlichter lichtschatten auf länder
der neben mir ist langsam wach geworden

fünf minuten vor mailand

fünf minuten noch vor mailand
jovanotti ist ein lorenzo hier
verbrannte kartoffelkräuter riechen scharf
vororte dörfer in eine stadt wachsend
dunkelschwarze wolken ohne regen
hinein in ein graues chaosfeld

in mailand an dich

melancholiewolken ziehen aus dem blausein
schleicht sich ein mr. jones in mailand ins herz
hier steht sie vor mir die große weltstätte
grüßt mich morgendlich noch gräulich
der himmel und meine gedanken bei dir
deine stimme so zärtlich deine liebe unermesslich

düster ist das glasstahldach über mir
fühle mich wohl im schönen morgenbahnhof
deine stimme überkommt mich sanft jetzt
nun sitzen hier fünf, einer ein anderer
sehne mich nach deinen nähesten liebesdüften
will dich spüren, denkend in mailand an dich

eine handvoll regen

regen schlürft sich über die stadt
gräulich löst sich der vormittag
ich denke an so vieles an einen meeresblick
zurück nach vorne und weiter ferner
durch flachverwaschene straßen nicht
doch sehe ich dich mir entgegenlächeln
grauer regen erhängt sich städtisch

verona verlassend

vertrauen muss man besitzen
verlassen hätte es mich nicht
doch hätte hier in verona geflucht
er fährt und er fährt mit verspätung
ein dank an ihn und ich fahre doch

nicht mehr lange

du wartest auf einem pass auf mich
ich komme geradeaus vom meer
kein berg und kein tal hält mich auf
ich will und komme heute zu dir
sehnsucht auf ein wiedersehen grenzenlos

weißer wolkenblauer gegen norden
die minuten kann ich zählen jetzt
ich will dich sehen fühle dich schon
stehst dort und wartest auf mich
ich will dich umarmen bin hier

umarmung

einer grenze die sich uns öffnet entgegen
du fährst heran du bist schön wie in einem traum
ich habe gewartet und jetzt bin ich glücklich
eine ewigkeitsumarmung drückt uns
fühlen uns verschlungen für stunden

ein wiedersehen geschaffen von uns selbst
jede berührung in hundertfacher stärke
jede faser jeden millimeter uns
ein glücksgefühl wie selten zuvor
ein wiedersehensvereinigen tiefer
lieben uns in aller stille zärtlichst
ein berührungsentzug ist gestillt jetzt
glück und schweben über allen wolken
augen haut und verführungsbilder
atemlos sich in uns und ewig verbunden

ein regen wäscht uns nicht trocken
du isst und ich fühle mich wohl bei dir
blättern in unseren erinnerungen wundervoll
gedanken und briefe, all das was uns
all das was unsere liebe im erinnern verstärkt

5

die ersten fünfundneunziger

dicht, er

und der dichter
dachte schrieb sich nieder
erformend neugeburtenworte
und der leser
las dachte sich wieder
erdenkend dichterwortgeburten
und ich mich
selbstverlassen ausfallend tief

nachtwut

herzschwach
drehen sich
alle frauen
in die nachtwut
gelblüstern
mir rot

braunblaue zweige

offen nachmittags beschienenes stadtbild
reststrahlen klären farben endlos fühlend
himmels hellbläue rührt sanft vorabends

später weiter fort braun das bild dumpf
nur schatten sprechen der landschaft farbe zu
wüstes und hartes ferner dem weichen klaren

aus am ende

egal wie oft gewesen sein
und der dichter
sagte ende davon
bis ewig drum

brechend nicht

gestern nacht entzeitlicht fortgetragen weiter fort
mich zerstörerisch morbidmüde dich uns
vergessen die guten auch die besten zeitpunkte
dumpfblass vergessend gutglauben das weiche
erkundet mitgetragen sein dich erlieben so
begreifen den schmerz ich gebe schlafeswach
bezeichnend außer meiner und dann später
hilf mir wieder weiter aus der ferne zurück
getroffen betreffen und voller sehnsucht sich bereit

wortesspiel

ich war ein
einzelgänger
bis ich
meinen
doppelgänger
traf

rot und schnee

in warmen häusern eingeschlossen sind vom schnee die menschen
kälte frisst sich in ihre haut doch kriechend ineinander
die nächte eine ewigkeit und liebesdüfte führend verführen
heiß erhitzen sich zimmer und körper zur leuchtend hitze
kälte kennt niemand mehr und nasse weiche kühle sich
traumtänzerisch ineinander vergessend reales lebendigsein
das morgen wird alles wiederbringen was leben heißt
warten sich auszahlend jahre nicht nur denn ein leben sich

der abend irgendwo

augenschwer versponnen in schonnächten verinnerlicht
ein täglich kampf durchzieht die tagesablaufmomente

und sich und viel im leben

wartend auf einen körper unverstohlen offenheiten
lebendigwarm und weich auf ein bald und uns

felix sitzt drüben

felix sitzt drüben hände vor den mund haltend
gesprächig sitzt er dort ruhig lächelnd verweilend
ein gesicht schwarz behaart ganz oben schmunzelnd

felix sitzt drüben trinkt aus langstieligen den wein
der wiener neben ihm quatscht lustig scheinbar
ist es seine frau die künstlerin die neben ihm

weltenzeit

und schweizer seen blauversommert im herzen einer identität
wenn sommer winter niemals werdend nur sich glücklich allein
kein erschlagen sein sich selbst und dich zum lieben nur bedarf
wenn die zukunft ein ferner sein uns nähe erhält für ein leben

und schweiz französisch ist die weltenzeit mit sich geborgen
wenn weiche landschaft wahr doch wein nur rebenstockberge
erkennbar sich in altstadtstädten unerschrocken nicht verloren
wenn das danach sein glück wird bringen uns niemals tiefer nah

6

meeresland

schwarz das dorf

schwarz das dorf gelblichtern dunkel
doch lebe gerne dort hier
ziehen nordwärts und südwärts
lichterpunkte fliehen nach irgendwo
schneevolles land tauend weich
schwarz gesehen in nächten weiß

schwarz öffnet sich das dorf südlich
doch fliehe nur heute fort hier
wiesenhänge gibt es nicht mehr
lichterseen kalthart winter
der grund erkennbar himmelsnacht
schwarz das dorf wintergefüllt

zwölf zeilen

die nacht fällt an uns vorbei
umhüllt uns mit ihrer vertrautheit ganz
warm gebettet in ein hartes stahlgehäuse

sehen oft nur unsere spiegelbilder vor uns
schemenhafte länder in dichten nebelnächten
lichter in weißem dunst und schwarzes land
geisterstädtisch im nebel scheint sie
leuchtend dumpf behellt die stätte
eine nacht geht bald zu ende später

die eiskalten äcker unter roter sonne
nacht heißt tag felder voller bäume
kaltweißes bild schön und rotes weiß

wissend erstaunt

ich bin dankbar
weiß belohnt von ihm
auch eigentlich von dir
ich bin glücklich
wissend dass er hilft
auch du warst anders
ich bin erstaunt
weiß es zu schätzen
auch ich bin belohnt

zeilenhäuser

und hochhausbaracken in den himmel
den morgen hier wieder begrüßend
in mailand an dich im sommerwarmen
du und mich und sie winterkalt hier
und wabenhäuser für zügige gestalten
der morgen wird zum vormittag
in mailand du und wir sind glücklich
du liebst mich der tag noch schöner
und häuserdächer voller sonnenstrahlen

brief

das nebelland und seine braunen äcker
dumpf morsches strauchzeug vorbei an uns
deinen weißen brief an mich in händen
unsere geschichte erzählst du neu mir
ödes landtum beigerotbraun strohgelb

die ebene voller bunter kastenhäuser leer
grasgrüne wiesen ackerbraune kahle böden
du schläfst neben mir auf dem weg zum meer
so weit das auge reicht weißgraue nebelschichten

durch dieselben bahnhöfe ein und aus in den süden
blaue wohlgeformte worte auf deinem weißen brief
denke mich zurück in unsere vergangenheit
siebzehn und fünfzehn damals später noch mehr

freude glückstrahlend einander schenkend immerfort
wie hängebrücken ziehen sich stromkabel und masten
bauernhöfe rotbraun verfallen in der ferne
kahle apfelbaumhaine zypressendürre weit

fünf briefseiten voller liebe gutem wahrem
dem leben mit sich ein ja einer liebe bewusst
lebensstationen wie reisepausen in bahnhöfen
du schläfst noch immer ich bin glücklich still
das land ist heller umrisse erkennbar klare formen

blauflut

hinter dem tunnel wird winter zu leben
herbstfrühling grün unverwintert unweiß
leben offenbarte sich an wacher küste
sommerdürre verschwunden lebendigfarben
verlassend den winter mit warmen südeszügen
das meer ein rauher gesell ihn verhasst liebend
weißblaue wellen springen an uns empor
überrascht an unserer winterfrische anlangend

warm weckt uns der zarte meeresstrand
waschend ruhig die see wind beweht sanft
lassen uns fallen in diese heile ruhewelt
der bahnhof, die promenade, wir flanieren
glückstrahlend schreien wir laut aus das gute
lachend liegen wir uns in den armen seeligkeiten
die schönheit fließt vom land in unsere herzen
vom meer in ein wahres ruhehaus nun

meeresland

die promenade siehst du
jetzt auch, beessen unsere bäuche
käsebrot das meer vor uns
graublau die schar der
möwen, kreischen hier
das dorf sieht heute
anders man
die promenade unser
mittagstisch beessen uns
lachen oft frierend die kalte
luft weich unhart sitzen
hier wo massen im sommer
heute nur brotkrümel, wir und möwen
die promenade vor dem meer uns

cappuccino, tè und wir

im caffè am platz nur wir
nur wenige menschen vereint
der hauptplatz ist autovoll
ein chaos der platz vor uns

im caffè am platz ich und du

reden über vieles im leben
essen toasts trinken tè
ein herzenslachen liebend
im caffè am platz einander

ihre gewitterwolken

alberto ist wieder fort von ihr
sie steht mit blick auf die limone
der balkon trägt sie wir gehen
zornig flucht sie traurig enttäuscht
glas trennt uns von der straße
italienisches restaurant in ihm wir
die zähne gespitzt für die spaghetti
verena noch immer betreten gegenüber
du und ich sich noch immer liebend
vor jalousien offen lichterstreifen

südlich

ich trinke tomatensaft aus kleinsten flaschen
stephen king erschreckt die schwester nicht mehr
kahles weißes zimmer nur ein kreuz inmitten
doch dann geht auch die schwester zu schlafesbette
mein kopf schmerzte vormittags die augen wach
surrealistische muster auf sandfarbenen bettdecken
drei lampen erleuchten den einfachen rauminhalt
der winter macht auch nicht vor mir halt
kalte schneewälder führen mich südwärts

dort bin ich in einem dorf, haus und meer
in ein zimmer in einem haus liege ich
blutete heute nachmittags aus meiner nase
ein beiges bettuch und weiße pölster
das haus voller alter ich im dritten stockwerk
doch eine einzige hoffnung bleibt mir
du liegst nicht mehr lange neben mir still friedlich
feuchtheiß zuckend rotverschmelzend
heftigsteigend scharf kalthitzig tieffindend

feuerspiel

jalousien brechen morgenstrahlen
münderränder an zungen gleitend
hineinkriechend in das heiße schöne
umschmiegend umarmendes eintauchen
ein hotelzimmer gefüllt mit zwei körpern
öffnend fließendes austauchen feucht
weichhäutiges aneinanderdrücken
liebend rauh verführtes feuerspiel

royal

schwere breite wellen brechen nieder
gischt vom südesmeer an leere küstenstrände
die haut dumpf salzbeschattet tiefmatt
ist winterwetter in regensturmfluten nass
straßen vom meer heimgesucht düster
mitten im dezember in wärme sitzend
spiegel rund um den tisch italienisch heim
rotgolden zombie über den köpfen
erkennbar oder nur in der masse aller
wärme des landes menschen in gassentum
tiramisu und torten royal vernaschend
düstere belichtung augen fallend tiefer
salzkrustenhaar müde reden im caffè
nacht bereits um sich schlagend wild

rosatisch

dichte gischt hängt über der hauptstraße
das lokal inmitten der halbstadt leerbesucht
familienmitglieder essen zu abend keine gäste mehr
die alte frau und der alte mann warten abend für abend
die kinder essen pizza jeden morgen und nachmittag
winter am meer vertreibt die gäste der sommermonate
die verwandten gehen wieder das warten auf gäste weiter
die zigaretten verschlingt sie nacheinander in sich
krank ist ihr körper wartend seit jahren schon sie
ihr mann macht die pizze nach alten rezepturen neu
das lokal inmitten des meeresdorfes wartet noch
dichte wasserperlen sprühend durch das laternenlicht

purpur

im kurzen gewande, der letzte
tag im jahr blaue himmel
strahlend über gelbroten häusern
das jahr am ende wir
irgendwo an der küste
draußen kakteen an rostigen
bahngeleisen durch die
frontfenster auf den süden
hinaus aus dem radio
italienische unsere
liedgeschichten nicht
nur ländervolk auch anderes
isst hier jalousien
hindern warme sonnen
an die gäste

giulia

grünschwarze oliven in den hainen wartend winter
du schmollst in deinem hotelzimmer vor dich hin
über dem meer von santa giulia aus darüber
schwester und ich an einem wintertag am ende
die bauern fischen oliven in lachsfarbenen netzen
grünheit soweit das auge reicht nur himmelgrau
du verpasst den blick über das graudunkle ufer
sonne zeigt nicht mehr als wolkenbündel kältend

jahresende

die ultimativen zwanzig minuten in rapallo
essen unsere letzte speise des jahres
rapallo mir ein schöner küstenstreifen warm
in der moby-dick-bar die letzten zwanzig jahresminuten
die sekunden vom radio gezählt bricht es an
das neue jahr ist uns geboren wieder neu
ein ganzes jahr und der beginn in rapallo weich

hier – wir dort

jetzt ist es hier wir dort
im fremden sitzen wir bedacht
unter palmen am hafen lichter
dumpfes knallen finster
sarajevo ist anderswo
das jahr erst sekundenminuten
in meinem italien sind drei
jetzt ist es hier wir dort

rapallo

palmen lichtern umhangen festlich
krachend kreischend winter
neujahr ohne schnee nur wasser
hafenbild menschen durchflossen
promenade bevölkert nächtlich
caffè getrunken zur freude
autowirrwarr in rapallo
meeresblick rotblauraketen

neugeburt

ein jahr vergangen später wieder hier
hauptdurchziehende straße vollfahren
jalousien gegen sonnenvielzahlstrahlen
verena hat noch immer schlechte laune
wir lieben uns noch immer rotes lokal
ein jahr in stunden vollendet neugeburt

wintermeer

menschen wandern sich selbst ins abendrot
meeresbrandung kieselformend forsch
ein orange und rotfarben gelblich himmel
wolken nicht am horizont ein freiheitsstreifen
rotes südeszelt am fuße meeresverwellt
etwas graues die see scharfe brandung
orange glänzen auch die kiesel perlend
wellen verdecken hervorkommende sonnen
kugelsonne strahlverbunden göttlich
sinkend rund zum kehrend wintermeer röter
wolkenflach die seele sterbensvoll
meerblau im roten sonnenstrahlen nieder
schluckend wogenweiß rot selbst blau
weltgöttlich ein leben warm rötlich
verschwindend feuerball im wintermeer
farbenspiel und wellen höherschlagend
verschlingend sonnenrund in das nichts
rote wolken nur mehr wintermeer sich
wellenberge fressen sich ins ufer
sphärische wolkenschichten rotgelb ein winter
hier will ich heimkehren in das abendrot

nel rock cafè

ein zeichentrick unterhält die gäste
hektik zieht durch den raum im rock cafè
die ohren vollquatschend augen auch
nervös wird man hier essen nur hier
griechisches salatwerk und panini
gelbe tische italienischartige leute
direkte hundertachzigradrehungen
kaugummikauende rauchende
zigarettennuckelnde italienerinnen
musik höre ich keine des landes
nur der name, ist so italienisch

schwärzewasser

wellen brechen an die promenadenmauer
sandesschuhe an den füßen krappengleich
lichtermeer in entfernungen an uferstränden
kakteenpflanzen neben zugverrostungen
winterbild doch sommersein sich glück

linea

schwarz
salzhaare dumpf
laternenlicht orange
von gischt umspült
straßenstrang lang
schwarzvoll nacht

linea

eine ferne straße
rotgelbe lichterzeit
versalzte harte haut
autofluss ziehender
mauerlinie gerade
schwarz

von cavi

von cavi
wieder
wir
blick
zurück
nach
hause
wir
von cavi

cartoonia

in sein kaffeehaus, der süden lädt uns
draußen wird es langsam düster
der platz der freiheit vor dem fenster
milchiges aus den tassen schlürfen
es ist glück in unseren sechs augen
trinken inmitten meiner menschen
rosa türkis die sessel unter decken
man trifft sich, plauscht
und ruht sich aus

stazione di genova

bahnhof schwarze tunnellöcher
genova fährt vorbei an uns nun mehr
unter den häusern eine bahnstation
nacht beginnt uns in liebe fort

drei alte und wir in mailand

drei alte nehmen uns den platz zum schlafen
in den großen hallen von milano-stazione
vor mailand hatten wir noch platz genügend
säuseln italienisch uns nieder geschichtenvoll
den mund zuredend über schöne zeiten
wie weit fahren sie bloß die drei alten
drei alte platzieren uns ins abseits

goldenfelder

dunkel hell dunkel hell
hell dunkel hell dunkel

zungen umwandern sich liebe
goldene felder an horizonten
ewigkeitenblitz im sinnesrausch
land wandernd an und sich

hell dunkel hell dunkel
dunkel hell dunkel hell

mängel

schwarze winternacht
gehe morgens zu bett

erst im mangel
erkennt man
das schöne

und du fehlst mir
weiße winternacht

herzensrot

es kam schöner wärmer kam es
doch dann eine schwärzestelle klein
warmpurpur weich wieder fortan
ein meer der tiefsten herzen
glasfenster hinten wir im entsinnen
doch nur wenige schwache schmerzen
zartsanft rosaviola fleckenflächen
gischtnächte verloren uns niemals
ein jahr am ende wir nahe vereint
rotrunde sonnen ins meer fließend
nur mikrokleine dunkelflecken düstern
wellen flüchten ufern tiefe kiesel
vereint im schönsten wahrguten
es war wahrer tiefer war es

7

unverkäufliche gedichte

grauhaarige frauen

grauhaarige frauen
säuseln über katzenbauchgekraule

staunen wortviel über böse
einbruchsdiebstähle in sakristeien

lesen das wichtigste nur in
ihrem kirchenblatt kirchenplatt

die katze am abend noch ins
freie gelassen schön für frau grau

ums spiegeleigekämpfe am abend
im hochhaus sagt die andere

ihre favorisierten farben sieht man
kaum so schlicht und einfach

im zwölften stock wohnen die
beiden grauhaarigen frauengestalten

den mund kaum geöffnet
zum reden sich gegenüber

nicht mehr viel um ihr äußeres
sich kümmern scheinbar

viel gesäusel viel gerede
kurze stillepausen zwischen wörtern

krankheitsbilder werden ausgetauscht
und alles schwarz gesehen

ferbrechervahrrad

dunkle finstere nächte
in denen ich mich
auf mein fahrrad werfe
lostrete
weißen schein vor mir
rote strahlen hinter mir
meine frau am rücksitz
rollen über düstre straßen
ein licht uns entgegen
kein wort an uns
das auto bleibt stehen
polizeiauto
zwei gucken nur raus
wir fahren um sie herum
wir wollen weiter
durch die nacht
da fällt einem ein
uns nachzufahren
hält neben uns
türe geöffnet
uns angeschaut
angeschnauzt
du bist doch der künstler?
der künstler! der künstler!
mit einer frau am
gepäcksträger
gesetzesbruch!
todesstrafe!
an die wand!
ich und meine frau werden
erschossen

mein fahrrad
lebenslang hinter gittern

fabrik

blätterstraßen teppichgleich
rauchig rußend nebelschicht
das tal hängt voller rauch
die fabrik ist heute abgebrannt
kratzig atem in der kehle
verbranntes holz im frauenhaar
geräuchert die haut des mannes
finsteres land umgibt die welt

müdes land

schlechter kaffee
besäuft mich übel
gelber blätterwald
müde augenpaare
grauer kältehimmel
dörfer linkshändig
müdes land erdig
erlebt sich selbst

allerschweigen

nicht alle schweigen stumpf dumm
nur einer sitzt schweigend am tisch
(nun klischeehaft:) wie ein fisch
aus dem radio: schweigen ist feige
der mann am tisch hängt nur rum
depressionsphasen seines lebens
mann spielt nicht immer erste geige
aus dem radio: reden ist gold
vielleicht gelingen ihm ein paar worte
pausen im zentrum seines strebens
es zählt nicht immer nur der sold
(nun das schöne ende:) es schneit
der mann schweiger besonderer sorte
denn er am tisch weiter schweigt

hübschling

trainingsbeanzugt geht er noch zur schule
sein gesicht ist unrasiert öd blickt es ringsum
turnerschuhe angelegt tragen ihn lebenslang
flaumiges unter seiner nase regt sich nicht
seine freunde sind wie er kurzhaarige alle
erwachsen wird er wohl niemals werden
mundwerk lockerlaut dödelt es rührseligkeit
weltreisen für ihn von zuhause zur schule

lange, weile

lange
eine lange weile saß ich im regen
weile lange am meeresstrandsteg
weile

gelber saft

im kaufhauscafé sitzend
zigarrenrauch im kaffeesud
jugoslawen schauen ins genick
die glaskuppel morgendurchlichtet
saurer orangensaft gelb
im kaufhauscafé am morgen
palmen reckend höhenwärts
vereinzelt wandeln menschen
halbzehn uhr der morgen
gelber orangensaft flüssig

shi-train

landesgrüne bewaschen von regenspitzen
nass von tag zu tag in feuchten kleidern
viel benützte schirme zerbrechen schon
nässe verwäscht frisuren zu haarbächen
das land eine verwässerte bodenerde
wächst in höhen hinauf die landschaft
menschen schütteln sich feuchteste hände
säubern ihre textilien im regenfall weißer
landesgrüne mag vielen egal sonne nicht

brücke (ek)

dich ungekannt
du warst weggegangen
hast einen schritt gewagt
den ich vor mir hatte
den ich niemals mehr
denken werde
denn ich will sein
bist ferner dieser zeit
kannte deinen namen
kannte sonst nichts
von deinem leben
will nicht richten
wie du warst
was du tatest
es ist schade
dass du fort bist

gedankenbild (land)

für mich übt ein land in dem menschen leben
solch einen einfluss auf dessen menschen aus
dass kaum unterschied zwischen land und
menschen erkennbar ist

wutentbrannt

starren dich schmierigen blickes an
wissen jeden augenblick alles besser
wissen es besser um die welt
neidvoll verschlagen richten sie
wollen dich lautstark versenken
um in ihrem dreck zu glänzen
sitzen frustriert herum langeweile
unzufriedenheit unbewusste leben
kennen keine armut doch verderben
in ihren dreckeskleidern das land
verludern durch gedanken das wahre
sitzen da in ihrer dümmlichen art
erschlagen ideen erschlagen dich
überziehen mit grauer schleimessüße
vergessen verprügeln vergewaltigen
die menschen sind sie
die dich erschlagen berauben
bewerfen schmutzes beladen
lassen kritik nicht zu nicht kritik
denn sie sind der glanz
der saubere menschenschlag

zergatschter freund

ach wespe bist kein freund
willst doch nur feind sein meiner
zertrete und erschlage gerne dich
wenn du surrend brummend kommst
bist du nicht gern gesehen
zermalme dich am liebsten
liebster wespenfreund
wenn du schwarz und gelber brei
dann fühle ich mich wohler
denn dann ist dein stachel tot
bist ein verrottend elend und
ein herzlich zergatschter freund

glas milch

oben stauben dutzende fahrstreifen in das grau
im alten gasthaus unten am dorfanfang ist ruhe
nur ein gast hat sich eingefunden am nachmittag
weißgetünchter ofen in der gaststube unbeheizt
stühle, tische leer nur am tisch salz und pfeffer
blumensträußchen in braunen vasen, bierdeckel eckig
gewürzhilfen, zuckergläser auf den tischdecken
der gast kariertbehemdet trinkt ein glas milch
das dorf öffnet sich nördlich des gasthauses
doch oben asphalt kein glücksbringer

certe notti (für uns)

als vater tagelang vor sich hin schwieg
mir mücken mein gesicht zerstochen
mutter viel viel weiter als jemals war
als die schwester operiert wurde
mir meine liebe zu dir wieder bewusster
und e.s. mich einmal anrufen wollte
da hatte ich meine hand zur faust geballt
und stieß sie mit aller wucht
vor meinem gesicht in die luft
schrie mein leben gehört nur mir
ich werde für alles kämpfen
ich werde dich immer lieben
ich werde unterdrückung niederbrechen
und selbst viel viel stärker sein
dann werden wir in frieden lieben

die alte fehlerleier

nicht nachdem man einen fehler
zum zweiten male gemacht hat
nein schon vorher
sollte man nachdenken

wolkenband (rot)

rot zerstückelter westenhimmel gelb
dort wo ich musste für ein monat
berge voller schwärze doch röte
die stadt wird wieder verlassen sein
gelbrot zerbröckeln wolkenhimmel
das land ist wieder mit sich ganz allein

nachts bewegte bilder

blaue harmoniefelder schneeflecken
sonne ist unseren augen entgegen
lebenslang wird es sein wir wissend
die schneeberge liebe ist unser leben
und wir nur du und ich nur wir und

schwarze endzeitfelder ascheflecken
nacht ist meinen augen entgegen
kein leben wird es sein ich wissend
die ascheberge hass ist kein leben
und wir nur ich und du nur wir und

ich und du

geistesworte als seelenschläge
stritten uns wegen nichtigkeiten
verstummten und zerbrachen
einer musste wieder beginnen
brach das schweigen erzählte
umarmungen zur wundenheilung
und verlassen einander
um zu schlafen
wirklich hart ist es
aber schön dich zu lieben

drüben grün, braun & meer

esse haaresfrüchte braungereift
doch e.s. ist drüben hinterm meer
allein vielleicht nicht
doch von uns entfernt

bier in mäulern

e.s. war einmal
aus den großen weiten
kehrte sie zurück wieder
25 stunden unterwegs
johnny walker in händen
maori zeigen sich nicht
bier in mäulern
ein erdbeben heute

dornen

trockengraue häuserzeilen dumpf wie südeshimmel
das land dürstet in winterspröder beigegrauer weite
neben sich in einem meter bettesbreite winternächte
heutetag gut doch abend böse aber nur das eine ende
stechen dornennadeln in wehrlose herzen bohrender
nacht bringt hoffen und warten ende sucht verlangend
ein und ein und ein der welten sich dass liebe ewigimmer
ja umarmend für neues gutes viermal achtzig jahreszeiten

nebelschleusen schwarz regendickichte hauchend
das land säuft schneeregen in frühlingserwartung
neben sich in halbem meter bodenbreite einander
heutetag derselbe und abend gut doch nächte allein
stechen keine dornenstachel in das glückesherzfleisch
nacht entlässt entortet doch kein verfremden nur sich
ein und ein und nur eine welt sich dass liebe glück sich
ja umarmend seelenköpfe für heutenächte morgen auch

einmal nachts

schritte in die nacht hinaus gestreckt
mir gedanken über das meine mich
nächte dunkel voller letzter winterzeit
hohe drahtzäune vor dem gebirgsfluss
durch die laternenlichtschatten streifen
helle bahnsteige rote lichter keine züge
alleen kennen mich seit langem schon
voller gebetsinnerlichkeit in dunkelheit
ein küchenfenster versprüht lichthelle
diese umarmung haben wir uns verdient
minutenhalt und nacht wieder forthin

8

balearenreime

finca

weiß, braun, schwarz
erdig, trocken, bodenständig
die alte finca am trockenen

kakteen stechen neben palmen
vegetation grün in der wüste
mandelbäume und zitronen

noble gesichter in ihren wägen
finca, pool, geld und stille
eindrucksvoll und magisch

kamin entzündet und holz brennt
hartes feuer fließt wässrig im ofen
balkon und mauern und fenster

dc9

die dc 9 steigt wieder auf
gerumpelt und gerattert
luft wasser himmelsbilder

glaubst du an gott
er wird dich beschützen
du wirst nicht stürzen

ich glaube an die liebe
sie beschützt mich auch
das leben ist kostbar

straßenritt

wir sagen nicht eivissa
den wind auf der haut
oliven, trauben, mandeln
rotbraune trockene felder
fruchtbarkeit ist selten hier
wenig bewachsen dürftig
rostigbraune steinmäuerchen
schlechter asphaldiger boden

behelmt und beschnallt
gedanken an frühere tage
wälder, meer, felsen
braunsandig und hell
gelblicher segen und langeweile
schnelligkeit und kalte hitze
erdig nachdenkliche luft
weißbemalte häuserwelt

hippie

alles hip scheint hier
doch vieles nur kitsch
hinter buntheit versteckter unsinn
blumenkinder im jahre 1993
ziehst dich so an wie sie
nein, du bist noch kein hippie

hippiesein heißt...
bist du kein hippie mehr oder

hippiekolonien sind illusion
hippies nur mehr balearenkommerz
neohippies an allen ecken
joints rauchen, hippie-kleider
hippiesein wird schwieriger
hippies, neohippies und mitläufer

exis

tausend, menschen, rhythmus
drinks, stuff, sex, spaß
homos geben sich hart
nuten mit lackstiefeln am strich

dealer und inleute in cafés
kunterbunter schmuck und stoff
rundlich und dünn die gesellschaft
hippies, piraten und piefkes

hassgefühle, flirts und suff
highlife und overdrive
übertrieben chaotisch inszeniert
kübelweise schaum und plastik

hurentraum

du bist eine hure
ich komm dir auf die schliche
sitze neben dir

du erzählst alles deinem freier
ich höre es
du siehst mich nicht

ich reiß dir deine kleider runter
du rennst nackt die straße lang
schreist und ich bin dich los

wer (in ihren augen)

ausgemergelte geben sich den stoff
bars, cafés, bordelle and multiculture
sex, flirts, drinks and happyhours

rund geht es rund um die uhr rund
blonde frauenkörper vergnügen sich
die barkeeperinnen reißen dich auf

von liebe keine spur an diesem ort
sie sehen dich an und ich frage mich
wer bist du in ihren augen

probleme über probleme

was ist das
ruhig lau und warm
was ist das
keine menschen nur wir
was ist das
langweilig und armselig
was ist das
hoffen auf bewegung
was ist das
probleme über probleme
sind...

dumme fratzen

linkszwodreivier
in hartem
jedem
einen tritt
dumme fratzen
marschieren wieder
gemeinsam stark
für das reich
nationalbewusst verrückt
brust heraus
nicht mehr gebückt

kampfhund

den kampfhund zur seite
die sturmglocken läuten
typen explodieren
zünden an
im rassenwahn
töten, hetzen
in siegerpose
ihren göttern
im hintergrund
im untergrund
folgen sie
bis in den tod

kahlchaoten

saufen, schreien und töten
besoffen nüchterne typen
sind der alptraum des friedens
sind der alptraum doch
glauben besser zu sein
als der rest

todesängste

todesängste preschen wie blitze ins leben
schreie schläge geräusche angst
mauern gras wälder straßen
ich bitte gott uns zu helfen

todesängste sind real nicht traum
gedanken über liebe und leben und sein
atmen fällt schwer angespannt am boden
ich bitte gott uns zu beschützen

wirklichkeit brutalität todesnähe
schritte gewalt rascheln schläge
keine chance unbeeinflussbare situation
gott hilf uns jetzt

ich schlafe ein und nichts geschieht
3.00 uhr früh rascheln schritte – ein tier
lärm noch immer weiter entfernt
wieder schlafen wir ein

8.00 uhr und wir leben noch immer
eine neugeburt nach ängsten und tod
gott unser vater hat geholfen
ich danke dir dafür

wasserhell

fonda pepe
nicht mehr mythisch
nicht groß und farbenfroh
nur trostlose und graue
formen
tera

gedanken (j.c.)

ich bin nicht er
ich sehe nicht aus wie er
ich kann ohne ihn nicht leben
mein vorbild ist er

er ist auf meinem t-shirt
er ist in meinem herzen
er ist in meinem hirn
er ist mein leben

er war da, als ich nicht mehr konnte
er ist da, wenn ich ihn brauche
ich stehe tief in seiner schuld
was soll ich ihm bloß geben

ohne ihn kann man nicht leben
er ist so wie kein mensch sein könnte
glaube an ihn und
du wirst geheilt

kaltblau meer

weiten einer einsamen insel im meer
ich gehe durch diese wüsten gegenden
okkulte steinbauten mittendrin

grünlich gelblich sandig hell und sonnig
wässrig trocken nass und weich und hart
heiß kühl rot schön kaltblau meer

braungebrannt in schwarzer kleidung
ruhige gegenden mit lauten spanischen leuten
kaputte hotels wider schönen altstadtbauten

flügel tragen dich

luft, wolken, himmel
flügel schlagen nicht
flügel tragen dich

boden nicht vorhanden
wir können jetzt nicht landen
fliegen am himmel

flüge, häuser, berge
winzig, kleine orte
landen am boden

nach drei jahren über vier inseln

über vier inseln nach drei jahren
auf dem rücken schwere last
weiter asphalt durch olivenhaine
kurvenzeug sich meerwärts

geschlafen auf dem anlegeplatz
morgens in ein tal des meeres
in türkises azur sich erwachend
und abends die gemüsesuppe tomatig
manchmal viel zeug in einer pfanne
und crêpe und später mojito

steinmauernkamin unbeheizt
mandeln in harter hülle nebenbei
mit steinklumpen sie geöffnet
die sonne bei es vedra untergehen sehen
von stein auf stein steinern begrenzte straßen
bräunlich aufgetürmt an uns vorbei

stehend auf dem hoteldach das abendessen
ein einzelzimmer zu zweit, ich im bett
in der altstadt den alkohol
todesängste wie noch nie zuvor
wenig freude wenig türkis und dunkelblau
doch meeresböden schwebend überflogen

unter falschem namen uns ins hotel einquartiert
müde dumme hunde trotten durch die straßen
in der felsenbar wodka in unsere kehlen
nach drei jahren über vier inseln

9

zehn

und danke...

lässt uns erkennen
lässt uns immer mehr lernen
und danke dir dafür
dass du da bist

und danke dir dafür
dass wir da sind
und danke dir dafür
dass ich da bin

und danke dir dafür
dass es dich gibt
lässt uns immer mehr erkennen
lässt uns erfahrener werden

1.x

ein verlorener tag
eiskalte winternacht
und du bist bei mir
du hast dich entschieden
müdigkeit verzerrt die sinne
weich und warm
kerzenschein so weiß
schatten verschlingen sich
unsicher und erlösend
verzehrend einander voll und ganz
träume zerplatzen
was haben wir falsch gemacht
gedacht an richtlinien
schön aber offenbarend zu gleich
ich bin nicht für dich geboren
und vorstellungen waren schöner

marakesch

an einem tisch zwei menschen, ruhig fühlend
dunkelrote rosen, roter wein in genüssen
sanfter dufthauch zieht am meeresrauschen kreise
ziehen sich auf ein weißes laken in die ruhe
verzehren die augenblicke der jahre sofort
benetzen haut feucht einander marakesch
in einem zimmer heiße wellen allhimmlisch

an einem abend zwei menschen, laut verdreht
im rattenkeller zwischen schwarz und röter
zwischen schwitzenden leibern suedesmenschen
dröhnen ergötzend in herzhirnkopftänzen
verrührendes menschengewühl in hexenkesseln
ohrenrauschen in einer nacht der stadt entfliehen
benetzte haut nass und nicht ein marakesch
in einer nacht warme wellen ein brief sogar

schmutzig

sauber ist nichts
nicht die reinigungsmilch
nicht die weisheit der alten

sauber ist nichts
nicht die weiße farbe
nicht die wahrheit der beichte

sauber ist nichts
nicht das mineralwasser
nicht die göttlichkeit des gottes

sauber ist nichts
nicht die sonnenstrahlen
nicht die unschuld des kindes

sauber ist nichts
nicht der himmelsinhalt
nicht die verliebtheit der liebenden

atme whisky

trinke atemzüge whisky
wische staub ab von meiner vergangenheit
und meiner selbst, höre italienern zu im
hintergrund, wie es sanft mitten in der
nacht an dich alles erinnert
und zeigt was war, die augenblicke geistig
wiederkehrend, gedanken zurück
atme whisky meinen schlund brennend
höre italienischen klängen zu, berauschend
mein zimmer, die nacht ist nacht
im alten gewühlt, verstaut, sortiert
das alte zeug mir ans herz gewachsen
und ins hirn mir nachrichten stündlich
von italienern gelesen
morgen kommt e.s. die ich liebe
und ich liebe noch immer auch dich
du weißt es nicht, wahrscheinlich nicht
trinke goldgelben whisky, nachts
reißt meine kehle aus dem körperkleid
hässlich brennender schmerz kratzend
und es tut mir doch weh wenn du gehst
schütte den whisky in den ausguss
und gehe schlafen

1600

damals dachte ich noch nicht an heute
ich hoffte auf ein paar tage mit dir in meinem leben
nach diesen tagen hoffte ich auf wochen
später hoffend auf monate und jahre
und irgendwann erkannte ich, was ich wirklich will
will dich für ein leben mit mir, mit uns
tausendsechshundert tage sind nun vergangen
seit wir uns küssend auf dem rücksitz fanden
und uns durch die ersten wochen lachten
oftmals getrennte wege, sommerwege
nur ein paar tage für uns doch diese tage tiefer
und zeiten des verlassenseins, des dahinlebens
zeiten des sterbendseins ohne einander
und irgendwann reizvollste feuchte stunden
sich aneinander ineinander gekrochen
später dann gemeinsam ferner fort
irgendwo tiefste tage unserer selbst erlebt
doch später wieder zornige momente
beschrieene augenblicke böser, schlechter
und wieder sommertage alleine irgendwo
daran nagend irgendwie noch heute
und heute soll sich vieles fließend ändern
die langen streitgespräche, selbig
die undurchliebten kalten nächte
bewusst sich tausender tage mit sich
um sich zu öffnen für das wahre, gute
die liebe, die seele im sich selbst

ammoniumhydrogencarbonat

das thermometer vor dem fenster zeigt minus fünf grad
die schneestürme toben und die schneepflüge fahren
während ich mir denke, dass es nicht zu früh war dich
als große liebe zu bezeichnen, nach beinahe sieben
monaten vom frühling in den winter, nach lachen und
weinen, nach freude und schmerzen im gemeinsamen
sich zusammenraufen und verschlingen während ich
kekse aus ammoniumhydrogencarbonat und anderem
zeug esse, kaffee trinke und ein buch mit zweihundert
seiten lese, denn wieder sind hürden in einem leben zu
überspringen, sind ziele zu erreichen, sind wünsche zu
erfüllen und leistungen zu erbringen um sich selbst
weiterzukämpfen und ich sage mir immer und immer
wieder, dass ich es schaffen werde, dass ich ausdauer an
den tag legen werde um einen schritt weiter gehen zu
können, nicht stehen bleiben zu müssen vor
halbfertigen tatsachen und unvollendeten werken des
alltags, sondern um eine stufe höher steigen zu können
und endlich doch erwachsen zu werden

zahl 12

mittwochs im winter, 27. dezember, stehe in einem waschsalon
und lese meine worte in richtung eines publikums, illusorisch zu
glauben eine neue liebe würde sich dort unter den zuhörern
beobachtern befinden und trotzdem wäre es schön ein augenpaar
der liebe zu entdecken, das mich in gedanken umarmen und mich
körperlich verschlingen möge, doch wie gesagt, träume sind zum
träumen da, die wirklichkeit sieht anders aus, denn wieder werde
ich keine bewunderung, keine beachtung und keine resonanz
erfahren auf meine worte, die ich schrieb um sie zu sprechen
werde weder liebe noch lob ernten können, und doch darauf
hoffend, hungrig nach liebe, nach alltäglichem glücklichsein
und vielleicht lerne ich doch heute wieder eine liebe meines
lebens kennen, an einem mittwoch, dem 27. tag des dezembers
27. zwölfter in einem waschsalon, 27 jahre alt sein im dezember
doch vorübergehend kein stürmer mehr sein mit der zahl 12
am rücken, einstweilen nur mehr ein liebeshungriger dichter
mit der zahl 73 auf der brust und mit einem hoffentlich mir
wohlgesonnenen auditorium vor der nase

letzter tag des…

eine schwester, eine mutter und ich fahren in die
stadt um zu feiern, ein vater dort muss arbeiten
doch wir werden uns sehen, wir lieben uns, die
geliebten menschen einander, doch ob nun ein
jahrtausend zu ende geht, weiß niemand so genau
ein einziges auto auf der autobahn fährt in den
norden in die stadt, letzter tag des jahres, letzter
tag des jahrhunderts, letzter tag des jahrtausends
doch das weiß niemand so genau, eine stunde
vor mitternacht, ein neuer tag beginnt, eine
schwester singt müde weihnachtslieder, eine
mutter steuert das fahrzeug im schneegestöber
die stadt, das feuerwerk, tausende menschen
ein himmel verschneit land, nur noch minuten

10

zak

fort einem heim

das meer war später sicher schon näher
doch die liebe ferner und weiter entfernt
hoch war er später geflogen doch ferner
fort war er von einem heil einem heim
doch einige tage sollte er verbleiben unten
wenn weiter er jemals noch sollte nur
alleine will er niemals mehr fort
einen brief zum abschied er in händen hält
seine liebe in tränen zwischen den bergen
in liebe eine nacht der wärme und weichheit
gelebt schon jahre doch auch jahre noch
kommend ein leben sein mitihreinander
vermissen heißt lieben und dies tiefer tiefst

breitgewürfelt

über den wolken riecht es nach essen
in einer eigenen welt aus luft und weiß
menschen laufen sich füße weiter
bildschirme flimmern keine engel
nur menschen sitzen in ihren sesseln
hören musik essen schweinsrücken
mädchen adrett und einheitlich bekleidet
laut kracht musik in der höhe des himmels
kälte zieht sich wie nebel durchs meer
meer aus wolkenschachteln breitgewürfelt

tomatensaft

in zehntausend metern trinke ich so gerne tomatensaft
egal ob mit oder ohne salz und pfeffer im himmel
achthundert kilometer pro stunde hoch über dem meer
sauge ihn in mich keine höhenangst nur luft
wolken und säfte der gottesfrüchte rotfeucht
in zehntausend metern lebe ich nur tomatensaft

ithàka (spruch)

man muss es nur machen nicht davor aufgeben
es wird sich alles lenken den rechten weg
sein leben leben des lebens wahrem ziele
das nur eine leben das man sein eigen nennt

seelenalleine

meine füße sind blutig gelaufen
sitze irgendwo auf einer meeresinsel
müdigkeit übermannt mich völlig
nur ich sitze unbegleitet seelenalleine
mein gott worauf habe ich mich eingelassen
kann nur denken habe niemanden um zu sprechen
die einheimische aus dem radio verstehe ich nicht
blaue stühle um blaue tische rotbetucht
rundherum und oben drüber grünes strauchwerk
unbeseelt keineswegs sitzen die menschen hier
doch meiner seele alleingelassen ich mich
habe mich selbst hierher befehlen lassen
der fleischspieß und der grüne rotweiße salat
fleisch schmeckend nach erde und feuer
lässt mich wiederkehren in das gute tiefe
wache um zu sehen was am leben das schönste

olivenbäume

rundlich gleiten hügelhänge ineinander
die schotterstraße ist einsam unbefahren
verwurzelt engverwachsen olivenbaum
uralter geist blätter bedacht ruhend
wurzeln in der macchie erdlehme
rostbräunlich verwischen sie das land

steinmauern um uralte klostertrakte
hundegebell an den schmiedeeisernen toren
rundbögen die zum allerheiligsten golden

himmel ziehen ruhe über das sanfte land
feigenbäume zwischen bläulich bienenstöcken
weiße steinhäuser manch eines gräulich
olivenbäume halten das landesbild offen
ziehen es in harmonische einheiten doch
zypressenspitzgewächse sind einzelgänger

(einstmals) frappé

sehe deine augen tief in mir klar und strahlend
über mir der blaue zarte himmelsbogen
wenn doch du auch an diesem ort an meiner seite
lebe in der fremde in keiner so glücklichen gesellschaft
da mag ich schon entzugsvoll von speisen geschwärmt
doch essend in nur meiner kargen einsamkeit für mich
ist auch die beste götterspeise tiefer nein niedriger
seicht liegen menschenzeiten bloßgelegt im tiegel
der pol der meiner heute fehlt doch war vor kurzem
vergessen niemals hafenzeiten vor sich frappé und dich

seltsamster ort

lag ich doch gestern im grünen wasser von porto roma
als ich aufhorchte und italienische sprache klar hörte
waren es nur verkleidete griechen die nackt dies waren
oder waren es italiener seltsam griechisch anmutend zwar
doch waren sie es ganz sicher diese griechenden italiener
oder gar mir so seltsam in jenem kristallig wasser
dass ich salz, menschen und anderes nicht trenne

madame orange – blau

madame orange hat silber im nabel
orange liegt sie im sitzen uns zu füßen
madame sieht alles jeden doch auch sich
madame blau hat blicke böse richtig
auf uns gerichtet ist ihr körperbau
zielt uns spitz und rund ins eigenziel
madame orange in bräunlich nackthaut
madame blau sich in weichem sanften
und beide eine die sich zeigen will
strahlt blicke schmiegend
in den augenblick ruhend

dir gehören des morgens

des morgens sah mich vor zwei bildern aufwändig
sah einen professor im tanze um frauen und jungs
hörte die stimme einer neuen bekannten nebenan
bin wie immer in solchen momenten stolz auf uns
stolz und ergriffen vom glück und von der tiefe des wir
das sich ein leben lang uns in der zahl achtzig zeigt
auch wenn ich wieder den kaffee mitternachts trinke
den professor mit den hüften wackeln pfeife rauchen sehe
auch dann wird meine umarmung all der halt nur dir
und all diese liebe die uns berauscht dir gehören

silberschein

gottesstrahl erklart die meeresweite
der morgen weiß kaum etwas über sich
steinaufschüttungen und der hafen in weiß
finde mich erwachend vor dem ultramarin
das sich jodig meersalze rührt
festlandwolken hat die nacht gebracht
rüber auf den inselzacken gräulich
mich in frohem glück über diese frau
die ist wie wünsche niemals enden
wenn meere im silberschein erblenden
auch ich mich einer anderen seite finde
ruhe auch meiner selbst bewusst zu werden
wenngleich die menschen in hatz geboren
trägt mich land über sich hinfort

spieler

milieutisierte scheinintellektuelle
geldvisage
saugt sich drogen sex doch erstens
geld in sich
morde passieren als
unfallsgeschehnisse nur
pokert und erzockt sich seinen
lebensstandard
lässt alkohol und dope nicht
schmäler sein
verpasst sich den schein eines
königkaisers
sumpf dem er nie entrinnen
mag fäkalien
spricht in dreck erkennend sich
als gosse
verliert gewinnt scheint der
bessere mensch
doch dies leben nein dies ist
kein leben
dies ist am primitiven acker
wurzelnd in grau
spieler ist ein jemand der
krimineller auch
milieuschlampe auf gespräche
eingelassen

weiß/versandet

steile weiße bergstraßen führen uns zum wrack
schlängeln sich durch grüne, graue schluchten
karstrund hügelig verwoben wie frauenbrüste
unten das meer aufgepeitscht vom regen verwässert
bergketten felsig und rötlichbraun schotter
bricht steil ins offen türkis smaragdene wasser
graues wolkentum zieht vom land auf die see
färbt nicht doch schattiert zeitenwelten
sonnen kehren meeren ihre farben zurück
wir an den flanken messerscharfe klippe
blaue see weißversandet mischfarben
und wir in weißen felsen meereszeichen gute

von freiheit

freiheit die gemeint dem geiste
weit über dem türkis fliegend
blaudunkel weißverwellte klippen
freiheit die wahrheit und leben

fliegend rose

taumle und bemerke nicht mein motorradfahren
beschwebend die straßen der inselufer
versonnt besandet windflüche vom meer her
träume ohne gedanken an zuviel
versäume den augenblick um zu wachen
befliege meiner selbst den tag entlang
seele meiner besegnet beige sandesinsel
kehre in kurven und geraden fliegend rose

die stadt und ihr wesen

kleine stadt bist du im zarten chaos
verdammst menschen nicht lässt sie
bedachst dich mit schirmcafés dichtest
verlierst keine zeit zu schlafen träumend
ruhe zerlegt dein herz in schönste frauen
versuchst nicht zu bewahren bist erfunden
bekehrst nur fremde die dich sehen
öffnest deinen hafen für die see
besinnst dich nicht rasch bist weiß
deine luft ist rauch deine nicht nur
nur segenvoll warst du nicht immer
sage es weiterfort was du meiner willst

offen segen (küsten)

rostschwarz versandet das schiff
von weißem fels eingefangen
der abendsonne in ihr bild bewegt
von hand göttlichst hinein ins harte
konturen erschaffen in herbem
erwachend dies sei göttlich ruhe
in abenden und tagen wachbeseelt

nächte farbe

traf sich alles in
dieser bar
denn die griechen feierten
mexikanischen abend
tranken sangria bis der
morgen sich erhellte
sangen künstler liebeslieder
rötlich duselnd
die trommler versanken
im urwaldnest
versandeten in der
nächte farbe
jeden abend spielten
sie in der bar
rauchten seelenweise
menschen lieblos

junger mann

junger mann
fuhr motorrad vom lande in die stadt
junger mann
sang unterm fahren derbe spruchgesänge
junger mann
im regenwirbel grau frustriertgestrichen
junger mann
wohnt im weißen haus nicht präsidentiell
junger mann
denkt wenig nach fühlt jahre meer
junger mann
ist wahnsinnskerl beflügelt fahrend
junger mann
trifft alten mann lachend immer gleich

seele offen (maries)

das land hat sich modelliert in grüne weiten
sehe dich vor augen doch bin nicht bei dir
halte dich von mir umarmt auch in schlechten zeiten
beseele uns auch in getrennten entfernungen
zikaden füllen die stille fliegen den blick
seelen die wir einander ein leben sind
sei auf uns bekräftigt liebe in glück

findend den sinn

beginne die zarte see zu lieben
an deck zu sitzen sanft geschaukelt
weitentfernt reale lebenszeiten
nur über dem zarten grün sitzen
hinwegfahren über dunkles blau
aufs land hineinschauen herber duft
sonne die in deine haut sich gräbt
lippenränder besalzt ruhe sich nur
findend den sinn der alles erklären kann
erlebe dir deine gefühle tiefe pole
über der see die sich spielerisch wellt
zart oder kräftigfarben landferne

tavernenkatzen

zupfend griechisch klanginstrument gesang daran
tavernenkatzen schauen sich stumpf und müde an
blicken fragend und bettelnd zwischen stühlen tischen
aufgetischt wird das brot die lammkotelettes
mücken surrend schwirren im tiefflug heran

vermisse (blick auf die see)

wenn die see völliges vermissen versinnbildlicht
und die verwaschenen himmel abends röter
wenn auch das gute lebendig doch etwas
und menschen und ich an ufern ruhend sehen
wenn nicht das wahre vorhanden doch anderes
dann mögen die tage und nächte schmäler
und dadurch umarmung immer näher sein

zeiten ändern einander

nächte verwoben in der endzeit
der sommer mündet im wahnsinn
gute blicke finden halt hier
endgültigkeit macht sich breit
nacht die veränderungen zeigt

erdenstudio

töpfes schalenzeug bananenstaude
der ofen brennt farbe in die erde
die späne am boden schwarze wasserstelle
maske am kopf behaftet augen wässrig
die glut lässt die luft vibrierend husten
der gasofen beendet das leben der erden
ton erhärtet in tausenden von graden

sarakina

erdegefühl ist hier stärker als in meiner heimat
doch heimat leben ist mir nur in meiner heimat möglich
unter zypressen wandern gedanken in das gute
altzerfallenrote ziegelhistorie im verlassensein
schmerzvolldüster erschwebt die sonnenmorbidität
versandet und vergilbt ihre wunden im langen gras
bewachsen versteinigt sich selbst belassensein
herzensgold davon geflogen mit flügeln des alten

silbertische

silbermetall heißt der sessel sich
das abendrot über den hafen gehängt
der abendverkehr in lichtern ziehend
frappé an der promenade im kleinen café
das eis an der lippe weißrosaröter
der abend darf kommen die nacht bestimmt
schäumt süßbemilcht der kältekaffee
der ostenwind schürft sich in die häupter
das neonschild verkündet von der stadtstätte
und silberfarben ziehen sich tische strahlend

streifenweise sattgenossen

hatten den tanker gesehen gemeinsam von oben
hatten das spiel auf dem brett gespielt kurz
hatten auf den niederen sesseln tischen kaffee
hatten uns mit dem roten italiener wüst verfahren

hatten uns eine japanische teetasse getöpfert
hatten auf der vernissage dem tanzen zugeschaut
hatten das alleine essengehen sattgenossen
hatten den langen marsch nach hause vor uns

ansonsten meer

wenn sonne weit den boden erstrahlt
see da hab ich dich nicht so lieb
mehr gern hab ich das meer
das kristallklar wasser sandesboden
weißgrünlich sandverhelltes leben
gelegentlich die see zu lieben tu ich
doch ansonsten meer in klarer sicht
mehr boden unter meinen füßen nur

aktmodell (rekonstruiert)

meeresbogen hinter weißem zelt
brauner nackter frauenkörper
im amphietheater die zeichner
windbewegte gräser roter sand

aktmodell
bleibst stumm
aktmodell
dein körper spricht
aktmodell
wirst beblickt

kaiki

der sternenhimmel lässt mich gefühle denkspüren
lebe unbedacht doch fühle jeden millimeter leben
hole mir jeden augenblick der sich anbietet an mich
zehre von momentanen weiten loslösungen monate

ultramarin trägt kaiki an weitentfernte ufer seemeilen
lässt untiefen schwach erscheinen lässt vertrauen arbeiten
sonne begibt sich an smaragdener see tiefenwärts

der tanzschritt ist gespielt für das publikum starrend
lebe in wirklich ehrlichen sphären momente des glücks
versuche das mich das dich und das uns zu leben
erlebe mir ein langes glückesleben jahre nur unser

feigen

öffne mit meinen fingern
deine schale
dringe ein in dein weiches
feuchtes fleisch
zehre an deinen klebrigen
säften tieftest
schwingen uns weit in rote
fleischeszeichnung
beseele unsere körper
ineinander saugend
verzehren uns umzüngelnd
seit langen zeiten
verbeiße mich in deine
vielen zarten lippen
nichts hartes hemmt unser
treiben ins weiche
behitze die feuchte
strahlenröte tiefrund
öffne deine tiefen duftend
samtig weicher

ganzem neuesten

see stürmisch wellenverquirlend sehr nahe
sturmwind wäscht wasser an das land näher heran
neues und altes gemischt zu ganzem neuesten
sucht sich seinen weg bahnend regelmäßiglos
die see in türkisem horizont wolkengepaart
sinkend wolken gehen in regengüssen nieder

umschwebend verharrend

der sommer lag wieder einmal hinter mir
doch dieses ende sollte noch verzögert
durch deine unsere liebe verzögert sein

andrea war erst in den letzten tagen mutiger
hatte sich über sandig schotterige wege
tragen lassen doch dies ist vorbei

der sommer wird von uns nun umzeichnet
auf händen getragen seelen sanft balsamiert
um nächte und tage umschwebend verharrend

der alte maler

sternenhimmel über dem heimweg von der
leeren bar
durch die olivenhaine hahnengeschrei noch
kein morgen
gott erde hat sich nacht umgebunden
schlafend sonnengöttin
den grauweißen mann auf dem nach hause
schreiten nächtens
die welt ist korruptionsgesteuert von
zentralsten punkten aus
kunst ist gestorben maschinelles regiert
bis zur revolution
groß und aufreißend und öffnend für
das neue doch wahre
hat sich formen immer gelegt immer
die formale sicht bewahrt
farbe scheint er zu hassen in freien formen
sie darf nicht leben
konfession ist manipulation kein sinn
hinter den vielen worten
seine kollegen sind keine freunde und nur
zuckerbäcker wirrsüß
doch seine gedanken sind öffnend
punktierend auflösend gebärend
straßen leergefahren in sein haus
in sein bett in den schlaf
morgen will er oliven
granatäpfel und ziegen zeichnen

erkennen (im fühlen)

es liegt dort unten es ist mein land
bomben oder keine bombe weinend
sehe dass es etwas für mich ist
das land die weite die mich liebt
dort ist das abendrot ein leben
göttlichkeit findend in diesem guten
das meer ist goldteppich weich
verliere nichts seele meiner duftend
lass uns hier viele leben sein

stürmisch (wiedersehen)

springen in unsere umarmung krachend
spüren die liebe das warme das tiefe
entrücken uns in taifunartige hitze
schweben einander in lange leben
falle dir hart in deine schulterkurven
presse uns ineinander gequetscht tief

betäubungslos

und kälte erfüllte das land weitab vom süden
doch eine brücke ließ mich die frau umarmen
lange zeit getrennt voneinander ferner heimat
doch schwarze nachtesbrücke engumschlungen
und die nacht begann befeuchtet verlierend sich

und fühle unsere verführungen nächteglück
berauschend hautbefreit ineinander eintauchen
taumeln segeln schweben in roter meeressee
entschlafen ineinander im weichen tiefwärmsten
und wärme erfüllte uns weitab vom suedesland

anfangend bei uns

ich liebe dich ein ganzes unser leben
alles negative werfen wir von uns
beginnen und fliegen direkt ins leben
saugen uns in diesen tagen in uns

von bord das negative
heute anfangend mit neuem
mit wahrem weiterführend
doch schlechtes fort

so oft regen über der insel
liegen so fern die straßenkurven
und wir wälzen uns rotfeucht leidenschaft
im haus das leer für kurz verlassen

und nur dies soll sein wir hier eins
zungen lechzend ineinander betörend
regen fällt auf unser haus darin uns
sommer verkühlt und herbstlich stumpf

11

Fünf Bonus-Texte aus den Jahren 2002-2006

melange

purpurne salonverkleidung
wassergläser, wassergläser
leer, voll, halbvoll, halbleer
wassergläser an bedeckten
an unbedeckten tischen, von
auf tischdecken, aschen
becher, silberne tabletts, leere
aufgerissene zuckersäckchen
ausgetrunkene, porzellan
tassen, lusterglas, glasluster
das kaffeehaus, alt, das älteste
der stadt, ein mann, abgewetzt
und löchrig wie das plüsch
der bezüge unter ihm, doch
warm, zufrieden, geborgenheit
stiftend, die melange
in seinem bauch

sonntagmorgenstimmung

aus der umarmung der liebsten
in den arbeitstag, in die welt der touristen
die sonntag morgens nicht mehr oder
noch nicht schlafen, doch ihren blick
schweifen lassen möchten über die
stadt

aus den entblätterten ahornalleen
wo kaum ein laut zu hören, wo nur die
kirchturmglocken feierlich jetzt stürmen
wie der wind der ansonsten die herzen
und gehirne der menschen verwirrend
verweht

aus dem samstagabendnichtstun
in das frühmorgendliche kaffee holen
aus dem damals widerständischen lokal
über den platz der morde, vierteilungen
hinauf in den turm wo ein bund sich
schloss

aus der kurzen straße, wo brecht
wohnte, wo heute ich in einer
alten villa mein glückliches dasein
friste, hinein in das herz einer stadt, die
wohl nicht welt- doch heimatstadt
mir ist

tetra-pak-fabrik

und mitten aus den gesprächen gerissen
fährst du nach schweden
und ich frage mich wie viele freunde
ich eigentlich habe, während ein pissoir
wasser fasst, das aus mir strömt
als du dann an der brücke entlang über das
meer nach kopenhagen blickst
und fünf fahnen auf halbmast siehst
auf der tetra-pak-fabrik
in der dämmerung
kurz vor mitternacht

freddy quinn

luxus ist dezent und mir warm
in jenen tagen im september
fernseher eines hotels, in dem
wir erwachen, freddy quinn in
der südsee, putzfrauen pochen
ein „no“ ist codewort um zu
ruhen, am nachttisch, dein foto
auf einem manuskript, mit worten
über dich, über uns und die jahre
die wir uns erliebten von damals
bis in ein heute, fortentführt aus
einem tagebuch in neuen worten
die verpackt und verschickt, mit
bittworten in den norden getragen
ein zweites buch mir werden sollen
nach tagen im hotelzimmer, nach
gesprächen an der bar, dem
frühstücken am altstadtplatz, nach
jenen tagen im september, in jener
gesellschaft, die mir tatsächlich
eine heimat geworden ist

ausgezeichnet

fruchtfliegen auf den dunklen feigenschalen
im plastikbecher in der weißen küche
und die prospekte auf dem braunen holztisch
köhlmeier kratzt, brummt aus den boxen

ich bin zum ersten mal ausgezeichnet
ich bin nicht mehr länger massenwesen
ich bin nicht länger nur mehr irgendwer

der kündigungsbrief liegt am blauen linoleum
tomaten und äpfel in der pappschachtel
und der radiowecker im bad leuchtet 3:30
köhlmeier ein bob dylan aus den boxen

ich werde zum ersten mal tun und lassen
ich werde nicht mehr länger schuften
ich werde nicht länger nach pfeifen tanzen

CHRONOLOGISCH TOPOGRAPHISCHER NACHWEIS
DER GEDICHTBÄNDE UND EINZELNEN GEDICHTE:

sarkasmus, humor oder cavi 1992 (13 Texte, Innsbruck 1992)

kommen	Pfons (A), Römerweg	09.09.1992
die mahlzeit	Pfons (A), Römerweg	09.09.1992
die promenade	Pfons (A), Römerweg	09.09.1992
fleisch	Pfons (A), Römerweg	09.09.1992
das meer	Pfons (A), Römerweg	09.09.1992
fotos	Pfons (A), Römerweg	09.09.1992
das dach und sie	Pfons (A), Römerweg	09.09.1992
die disco	Pfons (A), Römerweg	09.09.1992
die strandverkäufer	Pfons (A), Römerweg	09.09.1992
(weibliche) gigolos	Pfons (A), Römerweg	09.09.1992
grau (sig)	Pfons (A), Römerweg	09.09.1992
wir leben und lieben[1]	Pfons (A), Römerweg	09.09.1992
der abschied	Pfons (A), Römerweg	09.09.1992

der mathema-tick oder un disastro di 21 mesi (20 Texte, Innsbruck 1993)

öffnung	Hall in Tirol (A), Speckbacher-Kaserne	03.03.1993
beginn der misere	Hall in Tirol (A), Speckbacher-Kaserne	04.03.1993
stil	Hall in Tirol (A), Speckbacher-Kaserne	04.03.1993
probleme	Hall in Tirol (A), Speckbacher-Kaserne	05.03.1993
schaffen	Hall in Tirol (A), Speckbacher-Kaserne	06.03.1993
(bei der) mat (ura)	Hall in Tirol (A), Speckbacher-Kaserne	06.03.1993
gedachtes danach	Hall in Tirol (A), Speckbacher-Kaserne	06.03.1993
pause	Hall in Tirol (A), Speckbacher-Kaserne	06.03.1993

[1] In der Ausgabe Nr. 3 des Tiroler Literaturmagazins Cognac & Biskotten, 1998 (A-Innsbruck) in abweichender Form bereits erschienen.

4 weeks	Hall in Tirol (A), Speckbacher-Kaserne	06.03.1993
drei von 4	Hall in Tirol (A), Speckbacher-Kaserne	06.03.1993
einfach fort	Hall in Tirol (A), Speckbacher-Kaserne	07.03.1993
arbeit[2]	Hall in Tirol (A), Speckbacher-Kaserne	07.03.1993
bei dir	Hall in Tirol (A), Speckbacher-Kaserne	07.03.1993
der zweite streich	Hall in Tirol (A), Speckbacher-Kaserne	09.03.1993
ich bin soldat	Hall in Tirol (A), Speckbacher-Kaserne	09.03.1993
der mathema-tick	Hall in Tirol (A), Speckbacher-Kaserne	09.03.1993
neues leben	Hall in Tirol (A), Speckbacher-Kaserne	09.03.1993
positive einstellung	Hall in Tirol (A), Speckbacher-Kaserne	09.03.1993
der beste streich	Hall in Tirol (A), Speckbacher-Kaserne	09.03.1993
ich bin ein maturant	Hall in Tirol (A), Speckbacher-Kaserne	09.03.1993

ohne einander (33 Texte, Innsbruck 1993)

abschied	Pfons (A), Römerweg	04.10.1993
du	Pfons (A), Römerweg	15.07.1993
freiheit	Pfons (A), Römerweg	06.06.1993
an dich	Pfons (A), Römerweg	23.06.1993
dove sei (canzone)	Pfons (A), Römerweg	05.06.1993
ich hasse	Pfons (A), Römerweg	08.08.1993
distanzen zwischen uns	Olten (CH)	01.09.1993
entzug	Pfons (A), Römerweg	14.07.1993
ultravisioni	Pfons (A), Römerweg	06.06.1993
auf zu dir (reimreise)	Zug zw. Spiez u. Bern (CH)	01.09.1993

[2] Im Gedichtband „postlagernd. 57 Gedichte aus dem Leben eines Briefträgers", Edition BAES, 2006 (A-Zirl) bereits erschienen.

wut	Pfons (A), Römerweg	03.08.1993
wochen & monate	Pfons (A), Römerweg	15.07.1993
berner offenheit	Bern (CH)	01.09.1993
durchzug	Zug zw. Burgdorf und Herzogenbuchsee (CH)	01.09.1993
haben	Zug zw. Langenthal Herzogenbuchsee (CH)	01.09.1993
ohne einander	Pfons (A), Römerweg	08.10.1993
matterhorn	Langenthal (CH)	01.09.1993
alles was (spruch)	Pfons (A), Römerweg	03.08.1993
zum fressen gernhaben	Zermatt (CH)	27.06.1993
schwitzerland	Zug zw. Bern und Burgdorf (CH)	01.09.1993
tiefer	Pfons (A), Römerweg	13.10.1993
zürich	Pfons (A), Römerweg	05.10.1993
realität	Pfons (A), Römerweg	05.06.1993
was und was nicht	Pfons (A), Römerweg	03.08.1993
graue zeiten (reimsuppe)	Pfons (A), Römerweg	13.10.1993
leben ist lieben	Pfons (A), Römerweg	11.07.1993
fürderhin	Bern (CH)	01.09.1993
zermatt	Pfons (A), Römerweg	04.10.1993
anfang & ende	München (D), Flughafen	06.09.1993
schwäche	Ibiza-Stadt - Ibiza (E), Hostal Residencia Parque	17.09.1993
unterwegs	Formentera (E), Es Pujols	21.09.1993
sommer & winter	Pfons (A), Römerweg	13.10.1993
endlich...	Pfons (A), Römerweg	08.10.1993

kehrseiten, meer oder cavi 1994 (28 Texte, Innsbruck 1994)

busrebell	Brixen (I)	12.08.1994
nachtfahrt	Bus zw. Innsbruck (A) u. Cavi di Lavagna (I)	12.08.1994
hafenbild	Lavagna (I)	18.08.1994
horizonte	Cavi di Lavagna (I)	13.08.1994
wie geht es weiter?	Cavi di Lavagna (I)	16.08.1994
bild von dir	Cavi di Lavagna (I)	15.08.1994
meereshorizonte	Cavi di Lavagna (I)	15.08.1994
hellklar	Genova (I)	24.08.1994

addio al celibato	Cavi di Lavagna (I)	13.08.1994
kein beethoven	Cavi di Lavagna (I)	16.08.1994
ein bild in ligurien	Chiavari (I)	20.08.1994
will bei dir sein	Cavi di Lavagna (I)	17.08.1994
ein fremder?	Cavi di Lavagna (I)	22.08.1994
in rapallo	Rapallo (I)	20.08.1994
höre!	Cavi di Lavagna (I)	19.08.1994
meeresregen	Cavi di Lavagna (I)	17.08.1994
umstraßt	Coreglia u. Montallegro (I)	20.08.1994
torta dei fieschi	Cavi di Lavagna (I)	14.08.1994
geradelang	Lavagna (I)	20.08.1994
3.00 uhr früh im süden	Cavi di Lavagna (I)	21.08.1994
ein abschied von cavi	Cavi di Lavagna (I)	23.08.1994
im norden vom süden	Pavia (I)	24.08.1994
fünf minuten vor mailand	Rogoredo bei Milano (I)	24.08.1994
in mailand an dich	Milano (I)	24.08.1994
eine handvoll regen	Brescia (I)	24.08.1994
verona verlassend	Verona (I)	24.08.1994
nicht mehr lange	Franzensfeste (I)	24.08.1994
umarmung	Pfons (A), Römerweg	24.08.1994

meeresland (30 Texte, Innsbruck 1995)

schwarz das dorf	Pfons (A), Römerweg	27.12.1994
zwölf zeilen	Zug zw. Franzensfeste und Milano (I)	28.12.1994
wissend erstaunt	Verona (I), Stazione Porta Nuova	28.12.1994
zeilenhäuser	Milano (I), Stazione Centrale	28.12.1994
brief	Zug zw. Pavia und Tortona	28.12.1994
blauflut	Cavi di Lavagna (I), Hotel Riviera, Via Aurelia	28.12.1994
meeresland	Cavi di Lavagna (I), Lungomare	29.12.1994
cappuccino, tè und wir	Lavagna (I), Caffè Cartoonia, Piazza della Libertà	29.12.1994
ihre gewitterwolken	Cavi di Lavagna (I), Ristorante Santa Lucia, Via Aurelia	29.12.1994
südlich	Cavi di Lavagna (I), Hotel Riviera, Via Aurelia	29.12.1994

südlich	Cavi di Lavagna (I), Hotel Riviera, Via Aurelia	29.12.1994
feuerspiel[3]	Cavi di Lavagna (I), Hotel Riviera, Via Aurelia	30.12.1994
royal	Sestri Levante (I), Caffè Royal, Corso Colombo	30.12.1994
rosatisch	Cavi di Lavagna (I), Ristorante Arianna, Via Aurelia	30.12.1994
purpur	Cavi di Lavagna (I), Ristorante Santa Lucia, Via Aurelia	31.12.1994
giulia	Cavi di Lavagna (I), St. Giulia	31.12.1994
jahresende	Rapallo (I), Pizzeria Moby Dick	31.12.1994
hier - wir dort	Rapallo (I), Biancaneve-Bar, Via Veneto	01.01.1995
rapallo	Rapallo (I), Biancaneve-Bar, Via Veneto	01.01.1995
neugeburt	Cavi di Lavagna (I), Ristorante Santa Lucia, Via Aurelia	01.01.1995
wintermeer	Cavi di Lavagna (I), Lungomare	01.01.1995
nel rock cafè	Cavi di Lavagna (I), Rock Cafè, Via Alessandria	01.01.1995
schwärzewasser	Cavi di Lavagna (I), Lungomare	01.01.1995
linea	Cavi di Lavagna (I), Hotel Riviera, Via Aurelia	02.01.1995
von cavi	Bus durch Cavi di Lavagna (I)	02.01.1995
cartoonia	Lavagna (I), Caffè Cartoonia, Piazza della Libertà	02.01.1995
stazione di genova	Genova (I), Stazione Principe	02.01.1995
drei alte und wir in mailand	Milano (I), Stazione Centrale	02.01.1995
goldenfelder	Zug vor Rovereto (I)	03.01.1995
mängel	Pfons (A), Römerweg	03.01.1995
herzensrot	Mühlbachl (A)	13.01.1995

die ersten fünfundneunziger (10 Texte, Innsbruck 1995)

dicht, er	Pfons (A), Römerweg	07.03.1995
nachtwut	Innsbruck (A), Kings	28.01.1995
braunblaue zweige	Innsbruck (A)	10.03.1995

[3] In der Ausgabe Nr. 3 des Tiroler Literaturmagazins Cognac & Biskotten, 1998 (A-Innsbruck) in abweichender Form bereits erschienen.

aus am ende	Pfons (A), Römerweg	05.02.1995
brechend nicht	Innsbruck (A)	09.03.1995
wortesspiel	Patsch (A)	28.01.1995
rot und schnee	Pfons (A), Römerweg	05.03.1995
der abend irgendwo	Innsbruck (A), Café 44	09.03.1995
felix sitzt drüben	Innsbruck (A), Café Central	09.03.1995
weltenzeit	Innsbruck (A)	08.03.1995

zak (39 Texte, Innsbruck 1995)

fort einem heim	Salzburg (A), Flughafen	23.08.1995
breitgewürfelt	Flugzeug über Venezia (I), 10.000 m Höhe	23.08.1995
tomatensaft	Flugzeug über Bari (I), 10.000 m Höhe	23.08.1995
itháka (spruch)	Flugzeug über Insel Itháka (GR), 10.000 m Höhe	23.08.1995
seelenalleine	Vassilikos - Zakynthos (GR), Taverne Fanaria	23.08.1995
olivenbäume	Orthonies - Zakynthos (GR), Kloster Panajia Spiliotissa	30.08.1995
(einstmals) frappé	Vassilikos - Zakynthos (GR), Coffee House	24.08.1995
seltsamster ort	Vassilikos - Zakynthos (GR), Porto Roma	25.08.1995
madame orange-blau	Vassilikos - Zakynthos (GR), Weißes Haus	25.08.1995
dir gehören des morgens	Vassilikos - Zakynthos (GR), Weißes Haus	26.08.1995
silberschein	Zakynthos-Stadt - Zakynthos (GR), Dionissiou-Roma-Straße	26.08.1995
spieler	Vassilikos - Zakynthos (GR), Weißes Haus	05.09.1995
weiß/versandet	Anafonitria - Zakynthos (GR), Porto Vromi	30.08.1995
von freiheit	Keri - Zakynthos (GR)	03.09.1995
fliegend rose	Zakynthos-Stadt - Zakynthos (GR)	31.08.1995
die stadt und ihr wesen	Zakynthos-Stadt - Zakynthos (GR), Mitropoleos	31.08.1995

offen segen (küsten)	Anafonitria - Zakynthos (GR), Wrackbucht	30.08.1995
nächte farbe	Vassilikos - Zakynthos (GR), Logos Bar	02.09.1995
junger mann	Vassilikos - Zakynthos (GR), Coffee House	04.09.1995
seele offen (maries)	Maries - Zakynthos (GR)	26.08.1995
findend den sinn	Insel Pelouzo - Zakynthos (GR)	27.08.1995
tavernenkatzen	Vassilikos - Zakynthos (GR), Taverne Gallos	28.08.1995
vermisse (blick auf die see)	Laganas - Zakynthos (GR)	03.09.1995
zeiten ändern einander	Vassilikos - Zakynthos (GR), Coffee House	05.09.1995
erdenstudio	Vassilikos - Zakynthos (GR), Ceramic-Studio H. M. Stabell Sauque	05.09.1995
sarakina	Mousaki - Zakynthos (GR), Sarakina	03.09.1995
silbertische	Zakynthos-Stadt - Zakynthos (GR), Café Dodin, Agiou-Dionissiou-Square	02.09.1995
streifenweise sattgenossen	Vassilikos - Zakynthos (GR), Weißes Haus	31.08.1995
ansonsten meer	Insel Marathonisi - Zakynthos (GR)	27.08.1995
aktmodell (rekonstruiert)	Pfons (A), Römerweg	27.10.1995
kaiki	Vassilikos - Zakynthos (GR), Weißes Haus	28.08.1995
feigen	Vassilikos - Zakynthos (GR), Alter Bauernhof	05.09.1995
ganzem neuesten	Vassilikos - Zakynthos (GR), Weißes Haus	29.08.1995
umschwebend verharrend	Zakynthos-Stadt - Zakynthos (GR), Airport	06.09.1995
der alte maler	Vassilikos - Zakynthos (GR), Weißes Haus	03.09.1995
erkennen (im fühlen)	Flugzeug über Venezia (I), 10.000 m Höhe	06.09.1995
stürmisch (wiedersehen)	Flugzeug über Veneto (I), 10.000 m Höhe	06.09.1995
betäubungslos	Pfons (A), Römerweg	07.09.1995
anfangend bei uns	Pfons (A), Römerweg	09.09.1995

unverkäufliche gedichte (23 Texte, Innsbruck 1995)

grauhaarige frauen	Zug zw. Telfs und Landeck (A)	10.06.1995
ferbrechervahrrad	Pfons (A), Römerweg	25.10.1995
fabrik	Pfons (A), Römerweg	23.10.1995
müdes land	Stams (A), Café Alte Schmiede	30.09.1995
allerschweigen	Matrei am Brenner (A)	02.11.1995
hübschling	Innsbruck (A)	21.04.1995
lange weile	Pfons (A), Römerweg	30.01.1995
gelber saft	Innsbruck (A), Sillpark	03.03.1995
shi train	Pfons (A), Römerweg	11.06.1995
brücke (ek)	Pfons (A), Römerweg	03.11.1995
gedankenbild (land)	Pfons (A), Römerweg	02.11.1995
wutentbrannt	Innsbruck (A), Café Cardinal	18.10.1995
zergatschter freund	Schönberg (A), Mautplatz	16.09.1995
glas milch	Schönberg (A), Gasthof Handl	16.09.1995
certe notti (für uns)	Pfons (A), Römerweg	29.10.1995
die alte fehlerleier	Pfons (A), Römerweg	12.10.1995
wolkenband (rot)	Innsbruck (A)	22.03.1995
nachts bewegte bilder	Pfons (A), Römerweg	03.04.1995
ich und du	Pfons (A), Römerweg	02.11.1995
drüben grün, braun & meer	Pfons (A), Römerweg	07.08.1995
bier in mäulern	Pfons (A), Römerweg	20.09.1995
dornen	Pfons (A), Römerweg	19.03.1995
einmal nachts	Pfons (A), Römerweg	20.03.1995

balearenreime (17 Texte, Innsbruck 1996)

finca	Puerto de Andraitx - Mallorca (E), Casa Boro	08.09.1993
dc 9	Flug von Mahon - Menorca nach Palma - Mallorca (E)	26.09.1993
straßenritt	Sant Josep de sa Talaia - Ibiza (E), Restaurant Es Pla L'urgell	19.09.1993
hippie	Ibiza-Stadt - Ibiza (E), Exis-Cocktailbar	21.09.1993
exis	Ibiza-Stadt - Ibiza (E), Exis-Cocktailbar	21.09.1993

hurentraum	Ibiza-Stadt - Ibiza (E), Hostal Residencia Parque	17.09.1993
wer (in ihren augen)	Ibiza-Stadt - Ibiza (E), Exis-Cocktailbar und Zahara-Bar	21.09.1993
probleme über probleme	Puerto de Andraitx - Mallorca (E), Casa Boro	15.09.1993
dumme fratzen	Puerto de Andraitx - Mallorca (E), Casa Boro	15.09.1993
kampfhund	Puerto de Andraitx - Mallorca (E), Casa Boro	15.09.1993
kahlchaoten	Ibiza-Stadt - Ibiza (E), Hostal Residencia Parque	17.09.1993
todesängste	Es Pujols - Formentera (E)	21.09.1993
wasserhell	San Fernando - Formentera (E), Restaurant Fonda-Pepe	21.09.1993
gedanken (j.c.)	Ibiza-Stadt - Ibiza (E), Exis-Cocktailbar	21.09.1993
kaltblau meer	Mahon - Menorca (E)	26.09.1993
flügel tragen dich	Flug von Ibiza-Stadt - Ibiza nach Palma - Mallorca (E)	22.09.1993
nach drei jahren über vier inseln	Pfons (A), Römerweg	26.03.1996

zehn (9 Texte, Innsbruck 2001)

und danke...	Patsch (A)	12.11.1998
1.x	Pfons (A), Römerweg	26.12.1993
marakesch	Pfons (A), Römerweg	08.06.1995
schmutzig	Pfons (A), Römerweg	06.02.1994
atme whisky	Pfons (A), Römerweg	06.03.1997
1600	Pfons (A), Römerweg	23.04.1996
ammoniumhydrogencarbonat	Pfons (A), Römerweg	23.11.2001 24.11.2001
zahl 12	Pfons (A), Römerweg	27.12.2000
letzter tag des...	Innbruck (A)	31.12.1999

Fünf Bonus-Texte aus den Jahren 2002-2006

melange	Wien (A), Café Frauenhuber	18.03.2006
sonntagmorgenstimmung[4]	Innsbruck (A), Stadtturm	17.11.2002
tetra-pak-fabrik	Pfons (A), Römerweg	15.09.2003
freddy quinn[5]	Hall in Tirol (A), Parkhotel - Literaturfestival Sprachsalz	17.09.2005
ausgezeichnet[6]	Innsbruck (A), Dürerstraße	29.09.2004

[4] In der Anthologie „Stadtlandschaften", Turmbund, 2003 (A-Innsbruck) bereits erschienen.

[5] In der Literaturzeitschrift „@cetera" der literar. Gesellschaft, Ausgabe Nr. 23/2006 (A-St.Pölten) bereits erschienen.

[6] In der Anthologie „Hinter der Tür", Fragil-Verlag, 2005 (D-Bückeburg) bereits erschienen.

Der Autor Mag. Thomas Schafferer, geb. 1973 in Innsbruck, lebt in Pfons / Österreich

(1. Arthur-Haidl-Preisträger der Stadt Innsbruck)

Seit 1987 setzt er sich polyartistisch in verschiedenen künstlerischen Bereichen u.a. Literatur, Malerei, Photographie, Graphik oder Video mit unterschiedlichsten Themen auseinander. Während und nach dem Studium der Politikwissenschaft ergeben sich zahlreiche Publikationen (10 inoff. und 4 offiz. Gedichtbände), Auftritte, Präsentationen, Ausstellungen und Lesungen in über zehn europäischen Staaten. 1998 gründet Thomas Schafferer Tirols einziges Literaturmagazin Cognac & Biskotten und agiert seither u.a. als Chefredakteur. 2004 wird er für sein bisheriges Schaffen mit dem „1. Arthur-Haidl-Preis für Jugend und Kultur" der Stadt Innsbruck ausgezeichnet. Es folgen Literatur-Stipendien in Österreich (2006), in Italien (2006) und in der Schweiz (2007).

Mehr Infos unter: www.schafferer.net

Gewidmet Christine/Erich/Verena Schafferer, Myriam Antinori, Rosa Krismer, Robert Renk, Joachim Gatterer, Andrea Martin, Ali Reza Milani, Margareta Drbout, Gaby Pfeifenberger, Christine Leikermoser, Angelika Fritz, Fritz Martinz, Hanne Marie Stabell Sauque, Manuela Werth, Richard Unterwurzacher, Simone Knapp, Jesus Christus und all den herzverbundenen Menschen und großzügigen Institutionen, die mich bisher auf meinem Weg begleitet und unterstützt haben.

Ein großes Dankeschön an Joachim Gatterer
und für die (fortwährende) Unterstützung an:

STADT INNSBRUCK tirol Kultur .KUNST bundeskanzleramt